对外汉语词汇教学案例研究

王川　马苏阳／
刘丽莎　任烨璇／编著

中国石化出版社

图书在版编目（CIP）数据

对外汉语词汇教学案例研究 / 王川等编著 . — 北京：中国石化出版社，2023.7

ISBN 978-7-5114-7142-0

Ⅰ . ①对… Ⅱ . ①王… Ⅲ . ①汉语 – 词汇 – 对外汉语教学 – 教学研究 Ⅳ . ① H195.3

中国国家版本馆 CIP 数据核字（2023）第 122272 号

基金项目：

《新疆面向中亚五国的国际中文教学资源开发研究》，2023BYY100

《汉语学习者会话互动能力研究》，22CPY145

中国石化出版社出版发行

地址：北京市东城区安定门外大街 58 号

邮编：100011　电话：（010）57512500

发行部电话：（010）57512575

http：//www.sinopec-press.com

E-mail：press@sinopec.com

北京富泰印刷有限责任公司印刷

全国各地新华书店经销

*

710 × 1000 毫米 16 开本 11.25 印张 201 千字

2023 年 8 月第 1 版　2023 年 8 月第 1 次印刷

定价：48.00 元

前　言

本书是结合作者外派从事汉语教学的亲身经历，以韩国、泰国两所学校汉语学习者为对象进行词汇习得的案例研究。

众所周知，语音、词汇和语法是语言学习中的三大要素，从汉语作为第二语言课堂教学的实际以及教材编纂两方面来看，语法教学的比重优于词汇教学；课堂教学时间上，语法教学压缩词汇教学；教材结构上，语法理论多于词汇理论的介绍。上述问题与近代语言学发展有关。以索绪尔为代表的结构主义语言学，重视语言的结构系统和语言的普遍特征，重视研究语言、口语的共时性，语言的描写等；以美国乔姆斯基为代表、产生于20世纪50年代后期的转换生成语言学派，很注重语法的研究，提出了语言是由语法生成的，语法存在于人脑中，语言习得不是一个学习的过程，而是一个语法发展成长的过程；以英国语言学家韩礼德为代表的系统功能语言学，创造了系统语法理论体系。从这三大学派初始研究领域和取得成就来看，我们发现：一直以来，众人都认为学习语言最重要的是语法，正所谓“没有规矩，不成方圆”。所以，无论是英语教学还是汉语作为第二语言教学，就目前状况来看，语法在教学中盘踞高位。但是，随着教学的改革和发展，这种教学指导思想的弊端越来越明显。

中国式的英语教学是传统“语法核心”教学法的典型。我国各阶段学生学习英语的结果表明，在教学和学习过程中一味地强调语法，培养出来的人才大多只能应对考试，不能用于实际。若“how are you”出现在试卷中，很多人想必都知道其为“你好吗”的意思，若回归到现实的生活中，当见到外国人需要问候时，却如热锅上的蚂蚁、茶壶里煮饺子，将“how are you”丢到了九霄云外。因此，我们需要吸取国内英语教学上的经验教训，在汉语作为第二语言教学中举一反三，深入思考，探索出一条实现语言学习交际功能的途径。

通过近几年来的研究与探索，人们越来越发现，汉语作为第二语言教学中，词汇学习问题成为制约学习者前进的“瓶颈”，也是令教师教学进退两难的部分。于是，学者们就传统的教学思路“大语法小词法”和新兴的教学趋势“小语法大词法”的问题展开讨论。

胡明扬先生从语言的实质情况着眼，提出了词汇学习的重要性:“语言说到底是由词语组合而成的，语音是词语的具体读音的综合，语法是词语的具体用法的概括，离开了词语也就没有语言可言。如果掌握了词语的具体读音和具体用法，即使不学语音和语法也可以，母语的获得经历的就是这样一个过程。相反，如果只掌握语音和语法知识，而不掌握具体词语的读音和用法，那么还说不上已经掌握了这种语言，往往会一说就错，一用就错”，即词汇将语音与语法融于一身，是它们的集中反映物。田卫平先生也将汉语作为第二语言教学词汇教学的特征概括为：以词汇为核心，以语音、语用、语义、语法和文化为五维，它们交叉渗透，依存并构成多维度的网络系统。

李如龙先生（2004）也明确提出“国际汉语教学应以词汇教学为中心”，可见，词汇研究和词汇教学的重要性是不言而喻的。发现问题，就要解决问题，因此，大家研究的着眼点开始由语法向词汇这一领域偏移。另外，从个人的语言学习经历及以留学生学习的角度出发，只有掌握了充足的词汇才能将汉语掌握得更好。语法掌握得再好，离开了词汇交际根本无法进行。特别是处于中级学习阶段时，学习者渐入“高原期”，在掌握了语音知识、基本语法和基本词汇后，他们明显感觉到有限的词汇成了他们交流越不过去的坎。

因此，我们选取韩国又松大学、泰国甘烹碧中学这两所学校，针对他们的词汇习得及教师的词汇教学，进行案例研究，希望通过我们的研究，为今后的课堂教学及教材编纂提出建议，改善汉语学习者词汇的习得效率。希望通过我们的研究为国际汉语推广事业尽一份绵薄之力。

目　录 MULU

绪论

语言是人类生活中不可缺少的要素之一，它是跟人类全部成就有关的各种能力中作用最深广的一种能力。海明威曾这样描述语言的威力："语言可以把死人从墓中唤醒，也能把活人埋入地下；语言可以把侏儒变成巨人，也可以将巨人打倒。"从语言客观系统来说，语言是人类特有的一种音义结合的符号系统，它是特殊的社会现象。语音、词汇和语法是语言学习的三大维度，这三个要素是构成语言的三个子系统。在语言系统的各个子系统中，对词汇系统的研究是公认的语言研究中比较薄弱的环节：第一，词汇本身是一个开放性的系统，每个词语都有自己的个性，这在很大程度上是因为词汇系统内部成员众多，成员的特异性又强而造成的，因此词汇系统内部具有较大的异质性；第二，词汇是变动最快的，既不断有新的成员加入，也不断有旧的成员退出，这都为研究词汇带来了很多的困难，也给词汇教学带来了困难。

汉语作为第二语言教学，词汇教学研究在整个汉语语言系统教学中也处于劣势，析其原因：第一，词汇本身是一个开放的系统，它海纳百川，吸收了很多其他语言因素，再加上汉语词汇系统经历了几千年的历史演变，不但词汇量大，而且其意义也深而广，对于外国汉语学习者来说具有相当的难度；第二，从词汇教学方面来看，汉语词汇只能逐个教，逐个学，重在强记，没有捷径；第三，在语言学习之初，模仿语音、语法理解是学生学习中比较突出的问题，词汇学习没有语音学习和语法学习那么难，所以没有引起太大的重视，词汇教学的重要性被掩盖了。

但令人欣慰的是，纵观近十几年来汉语作为第二语言教学研究及教学，我们发现，词汇研究及词汇教学研究虽然滞后于语法和语音研究，但是也有了长足的进步。越来越多的汉语言学工作者或直接加入汉语作为第二语言教学的实践中，或开始关注汉语作为第二语言教学工作，研究方向开始调整；一线的不少教师也有意识地运用相关理论，在实践中分析国外学生汉语词汇学习中存在的问题，并进行系统的研究，与时俱进。在不断的进步中，在新形势的强烈要求下，汉语作为第二语言教学研究需要继续拓宽领域，包括教学法的研究。特别是有针对性的研究应该受到重视，如针对不同水平级别的学生，针对不同的课程，乃至针对不同国别的学生，这样的理论和方法论运用到实践中可以取得事半功倍的效果。

学习者前进到一定阶段便步伐缓慢而艰难，甚至停滞不前了，是什么让学生处于这种学习“高原期”呢？我们的回答是：词汇量的有限是主要症结所在。因此，如何进行有效的汉语词汇教学，特别是如何针对不同国家的实际进行有效的汉语词汇教学，这是我们的研究焦点。词汇教学涉及面广，有语义分析问题，语义的历史演变问题，有句法功能和搭配关系问题，有附加色彩和文化内涵问题，还有语体问题。但是词汇教学决不能大讲特讲，也不可能全部覆盖相关的内容，引导学生逐步加深对常用词语的理解和应用，特别是在教学过程中培养学生对另一种语言词汇系统地了解，并掌握一种学习方法才是有效的教学。语言学习最终还是要靠学生自己努力，所以交给他们一把金钥匙比任何其他措施更可靠，更有效，正所谓“授人以鱼，不如授人以渔”。

本书从实践出发，结合课堂教学及偏误研究，对韩国、泰国两个国家的汉语学习者的词汇习得展开研究。

1.1 研究背景

第一，本书首先针对韩国汉语学习者词汇习得及词汇教学展开研究。

这源于汉语在韩国孔子学院学习者数量最多，韩国来华留学生比例也是最高。目前，我国已在134个国家和地区建立了500所孔子学院、1000个孔子课堂，注册学员超过190万人，初步形成了多层次、多样化、广覆盖的格局。

而在亚洲地区，表现最为突出的当数韩国，2004 年全球第一所孔子学院在韩国挂牌成立，之后韩国的“汉语热”急速升温，截至目前韩国已拥有 17 所孔子学院和 2 个孔子课堂。而自从 2009 年新 HSK 在海外实施以来，韩国考生一直占据“半壁江山”，根据我们 2013 年 2 月 1 日赴釜山参加“HSK 新汉考研讨会”获得的最新资料显示，2011 年，新 HSK 海外考生（不含在中国参加考试者）数量为 131500 人次，韩国本土参加考试的考生数为 65767，约占 50%。此外，目前韩国约有 130 所大学（占大学总比的 3/4）开设了与汉语相关的专业，修课人数多达 24000 多名，在又松大学 Solbridge 国际商学院，汉语选修课的学分从上学期的 4 个变成了这学期的 6 个，学生人数也翻了一番。针对课堂中的口头调查“你为什么选择汉语课”，约 2/3 的学生反映中国日益强大，汉语成为仅次于英语的热门外语，HSK 证书的含金量也越来越高，他们希望通过学习汉语取得证书，获得更多优质的就业机会。可以说，无论从孔子学院的发展速度还是教学规模上看，韩国的汉语教学在世界都是首屈一指。

韩国汉语热的兴起首先在于两国一衣带水的地缘关系。对于以出口导向型为主要经济结构的韩国来说，中国毫无疑问是其最大的出口市场，在其总体经济战略上占据重要地位。其次，回顾历史，在韩国创制“训民正音”以前，韩国借用的一直是中国汉字，直至今日仍有大量的韩语词在字形、字义和语音上和中国完全一样，或者保持着千丝万缕的联系。所以，学生对于目的语包括教授课程的中国老师都会有先天的亲切感。而从语言习得的角度看，韩汉两种语言和文化联系所造成的相似性，会不会使韩国学生学习汉语比欧美国家的学生更有优势呢？ 1957 年，美国学者拉多（R.Lado）提出对比分析（contrastive analysis），主张通过语言对比，判断母语对目的语习得过程中可能造成的正负迁移影响，从而确定教学重难点[①]。根据拉多的观点，目的语与学习者的母语越

① R. Lado. Linguistics cross cultures[M]. Ann Arbor. University of Michigan Press，1957.

接近，学习者的困难就越少；反之，学习者的困难就越大。然而，根据我们以往在国内高校的教学经历表明，这个说法并不确切。比如，虽然韩语中有量词而英语中缺乏量词，但韩国学生在汉语量词习得的表现上并不比欧美学生有更大的优势；比如，他们会受到母语语序干扰，把量词放在名词的后面，造出句子“我苹果一个吃”，或者受母语量词的干扰，在量词的选择上犹豫不决。而对欧美学生来说，他们像一张白纸，通过对差异点的反复操练和讲解，他们完全可以表现得后来居上。再比如，在学习数字时，韩语中汉字数词“二”和汉语中“一”发音一致，所以在课堂活动“三六九”游戏中，韩国学生常受到这个相似点的困扰，一二不分。因此拉多的观点也一度遭到有些语言学家的质疑，他们认为：目的语与母语越接近，学习者反而越容易出错；而当两种语言差异越大时，学习者出错的概率越小。比如，盛炎先生在《语言教学与原理》一书中的表述就更为客观，他认为：两种语言的异同点是学生在学习第二语言中产生迁移的根源。两种语言相同的，可能发生正迁移，不完全相同的，可能发生负迁移，负迁移也叫干扰[①]。我最赞同凯乐曼（1979）的观点：两种语言相差大（即没关系），学习得慢，但比较准确，相差小（即有关系），学习得快，但不够准确[②]。（当然，这也有可能是前者情况中学生对不熟悉的知识点有意采取回避策略。）

根据我们在又松大学孔子学院、Solbridge 国际商学院以及锦山东初等小学任教的经历来看，初级阶段韩国学生在语音、词汇和汉字习得方面比欧美学生要快。这一方面是源于他们从小接触汉字，几乎人人都有家族长辈取的汉语名字，另一方面就是两种语言有着千丝万缕的联系。这些先天的优势，使他们对汉语有着更为亲切强烈的视听体验，认知起来当然就更为轻松。但是，随着学习的深入，恰恰是这种优势又给他们带来了诸多困扰。造成这种母语负迁移的

---

① 盛炎．语言教学与原理 [M]. 重庆：重庆出版社，2006.

② 宗艳艳．韩国语中的汉字词与汉语词汇的比较研究 [J]. 科技信息，2010（25）.

原因在于两国语言在历史的长河中，由于受到时代演变、国民心理特征、思维习惯、社会环境和历史文化等因素的制约与影响，已经呈现出同源异流的发展态势。那么，如何帮助学生顺利克服初级阶段母语负迁移，并利用正迁移加强学习者的信心呢？就韩国初学者而言，从词汇入手是个捷径，就像小孩子咿呀学语的时候，也是从蹦单词开始，比如宝宝说“妈妈，吃”，妈妈就知道宝宝饿了；你抢了他的玩具，他会说“打”表示生气了。同样地，我们能了解一个外国学生的话语，往往是因为他所用到的某个词，也就是说语音和语法出错有时并不一定会直接影响到交际，但是词用错了就很可能造成交际失败。很多语言学专家也一致认为词汇教学在语言三要素的教学中占有十分重要的作用。比如 Michael West 在他的 speaking-vocabulary in a foreign language（1993，P514）中曾明确指出“学习一种语言最重要的就是词汇的习得以及练习如何使用它”①。McCarthy 也说“无论学生在语法上学习得如何好，也无论学生对第二语言的发音掌握得如何好，没有词汇用来表示一个较广泛的意义，交际在第二语言里就不具有任何意义”②。

语言教学中如此，国际汉语教学中更加如此，鉴于此，本书首先对韩国学生的汉语词汇教学，特别是汉字词教学的偏误进行分析，并提出应对策略。以经验理论为指导原则，以教学中收集的真实文本为语料，对韩国学生习得汉语词汇的中介语系统进行全面分析，了解其存在的偏误，积极预测并验证汉语对学习者造成的正负迁移，提出相应的解决策略。

第二，针对泰国汉语学习者词汇习得展开研究。

---

① The primary thing in learning a language is the acquisition of a vocabulary, and practice in using it.The problem is what vocabulary ; and none of these modern textbooks in common use in English schools’ have attempted to solve the problem.（West，1930，p. 514）.

②No matter how well the student learns grammar, no matter how successfully the sounds of L2 are mastered, without words to express a wider range of meanings, communication in and L2 just can not happen in any meaningful way.（McCarthy，1984）.

目前，对泰汉语教学与研究的成果是比较少的，其研究成果也主要是集中在汉泰语音、语法的对比上，词汇研究和教学基本上才刚刚开始起步。例如：孙汉萍《汉、泰语的同异性比较》，从整个语言系统着手将汉语和泰语进行对比，即：语音、语法和词汇三个系统做了大致的对比。李红印《泰国学生汉语学习的语音偏误》(《世界汉语教学》，1995)，蔡整莹、曹文《泰国学生汉语语音偏误分析》(《世界汉语教学》，2002）中将泰语和汉语的语音做了简单的对比，并指出泰国汉语学习者在汉语语音学习中常出现的偏误。张美珍《汉泰语定语、状语与中心语的位置次序对比研究》(北京大学硕士毕业论文，1991）主要研究了关于汉泰偏正结构中修饰语和中心语的对比；后来，有学者在此基础上继续研究，找到了泰国汉语学习者在这类语法问题中经常出现的语法偏误和解决偏误的教学方法。在教学法的研究上，张月池等人编著的《泰国华文实用教学法》(华侨崇圣大学出版社，2003）提出了他们对泰汉语教学的一些看法。

根据文献和实际调查，我们了解到：泰国的汉语教师在宏观上已经基本把握了相应的汉语作为第二语言教学的方法，但是在微观上的教学法研究还不够深入，特别是在汉语词汇教学方面，没有对汉泰语词汇系统进行深入研究，忽视了汉泰语的同异性与对泰汉语词汇教学的关系，而这些同异性需要我们从语言本身去寻找。

世界上有很多语言，语言与语言之间会有一定的关系，根据这些关系我们可以将语言大致划个类，即语系、语族和语支。从同一祖语分化出来，形成一个语族，几个语族往上追溯，又有相同的祖先，从而形成了一个语系。一般认为，世界上的语言按其亲属关系可以分为十几个或二十几个语系，其中比较大的有印欧语系、汉藏语系、乌拉尔语系、阿尔泰语系、闪—含语系等。

汉语和泰语，国内外语言学界主要持有的观点是它们共属一个语系，即汉语和泰语共属汉藏语系。汉藏语系的主要共同点：①语音方面。每个语音都有固定的声调，声调可以区别词汇意义，有的语言里还可以区别语法意义。许多语言的元音分长短，声母有清浊的对立，有的语言里有复辅音。②词汇方面。绝大多数语言的词由单音节单纯词和多音节复合词组成，复合词的构成方式常见的有并列、修饰、支配、主谓等。绝大部分语言都有表示事物类别和动作行为单位的量词。③语法方面。所有语言都以语序和虚词作为重要的语法手段表达语法意义，语序固定，主语、谓语、宾语的基本语序有同有异，主语都在谓语的前面，但是有的宾语在动词后，有的宾语在动词前。同时，广泛使用各种助词来表达复杂的语法意义。

1.2 研究现状

词汇教学的研究，在当下国内外二语教学领域中是一个热门课题。我们分为国外和国内两个部分来分别介绍。

1.2.1 国外词汇教学研究现状

尽管国外的语言研究理论都是建立在印欧语系上的，和汉语所处的汉藏语系不同，但是国外的语言研究理论仍对中国的语言研究影响很大。

在语言教学中，人们长期以来都是把“教”放在主导地位，因而非常重视语言教学理论研究。20 世纪中叶，语言学习理论的研究又开始受到广泛的注意。如第二语言习得理论。早期的研究主要集中在儿童母语习得方面，把成人外语或第二语言学习的研究纳入母语习得的研究之中。后来又逐渐发现，第一语言习得和第二语言习得有很大的不同，第二语言习得的学习理论开始成为研究的焦点，并出现了很多有影响的理论和假说。比如乔姆斯基的“语言习得机制”（LAD）假说，克拉申的“监控模式”和“输入假说”。

近几年来发展起来的认知学给汉语本体研究带来了新的思路和方法。20世纪前60年，语言学研究主要是描写性的结构主义倾向，着重分析语言内部的结构、特点、关系等，但是从50年代中期开始，从描写转向解释，乔姆斯基所倡导的转换生成学派一反昔日的描写情节，转向解释语言为什么这样，从而形成了语言学界的一场革命。但无论是兴起的哪个学派，其哲学基础和心理学基础都有所偏差，而后的认知语言学则是以体验哲学（强调心智的体验性、认知的无意识性、思维的隐喻性）为基础，心理学基础是建构型的心智主义、互动论和连通论。特别是词汇研究方面，认知语言学提倡从词汇构成的最小因素发现研究线索，提倡从语言的本义入手，找到词汇引申义的由来，也提倡从学习者自身的条件来研究语言的学习和教授，或者说认知语言学更侧重语言的心理方面研究，强调认知方式在语义形成中的作用，同时也重视社会文化、百科知识对于语义解释的必要性。认知语言学在词汇研究，特别是词义研究方面给了汉语作为第二语言教学词汇教学的重要理论指导。认知模式以人类普遍认知为核心，强调第二语言习得过程实际是认知过程，是输入过程，包括语言输入与非语言输入。普遍认知是人类普遍拥有的认知系统。它由两个层面构成：具体认知过程和元认知能力。第二语言习得涉及的具体认知过程有：注意、记忆、评价、思维。元认知能力涉及元认知知识和元认知策略，是更高层次的思维能力，能对具体认知过程起积极的调控作用。具体认知过程使第二语言习得成为可能，而学习者的元认知能力能促进其成功的语言习得。

根据这些语言教学理论和国外语言环境的具体情况，国外研究突出的教学法与汉语有些不同，如国外大力推广的词块教学法，又叫语块教学法。该教学法认为人脑同时处理信息的容量是有限的，为不断地接收新信息，达到更高层次的学习，就要将那些需经处理的信息转为“自动化”，以便腾出容量来处理新的信息。因此部分学者认为语块教学的可操作性强，转换记忆单元，将较小的词语单元转化为较大的语块，能扩大短时记忆的容量、提高记忆的效率。关注学生的心理特点的教学，可以考虑采用学生遇到阻碍最小的方式进行讲解，而讲解时导入的方式就可能决定学生的接受和理解程度。他们指出不仅要在词汇教学中突出语块的地位，还应该逐步建立起语块教学模式。

1.2.2 国内词汇教学研究现状

刘颂浩先生对阅读课的词汇训练重点和训练方式进行了深入探索，一反以往汉语作为第二语言教学历来比较重视虚词的传统，他指出："阅读课词汇训练的重点应该是实词而不是虚词。"[①] 他在总结经验的基础上还提出了一套较为系统的阅读课词汇训练方法，这些方法分别为：辨认、联想、搭配、评价和总结。马玉汴的《放射状词汇教学法与留学生中文心理词典的建构》讨论的教学法是"以所学词语为射点，分别向词汇的形、音、义及构词法、句法表征间建立精确而丰富的连接网络。"[②] 胡鸿、褚佩如的《集合式词汇教学探讨》提出根据特定的教学目标把汉语词汇分成不同的集合，利用词和词之间的语义等联系，发挥学生的联想和理解潜力，提高词汇教学效率。

汉语作为第二语言，教学界也比较重视教学的针对性，即按照学生国别制定相应的教学策略，如史有为的《关于语篇词汇国别教学》和王顺洪的《中日汉字词缀比较》是针对日本留学生提出教学策略。史有为从对日汉语教学中的问题入手，提出"汉语词汇在国际汉语教学中的究竟处于什么样的地位"。[③] 王顺洪从词缀问题切入，描述了中日汉字词缀的基本情况，对中日共有的词缀进

① 刘颂浩 . 第二语言习得导论 [M]. 北京：世界图书出版公司 . 2007：20–23.

② 马玉汴 . 放射状词汇教学法与留学生中文心理词典的建构 [J]. 云南师范大学学报（国际汉语教学与研究版）. 2004,（5）: 45–50.

③ 孙德金 . 国际汉语词汇及词汇教学研究 [M]. 北京：商务印书馆 . 2006：95.

行了对比分析，并提出了一些对日词汇教学的建议。对韩方面，主要有孟柱亿的《韩汉两语中的误导词——蝙蝠词》和李大农的《对韩国留学生汉语词汇教学中的几个问题》，他们分别在其文章中论述了汉语和韩语中的某一类词，进行了对比分析，提出韩汉对比教学，应该主要研究：①“汉字词”的问题；②“文化词”的问题；③成语问题。陈绂的《谈对欧美留学生的字词教学》主要根据对12名伦敦大学中文系二年级学生诵读报刊文章所出现的字词错误进行分析，提出了改进字词教学的间隔建议。罗青松的《英语国家学生高级汉语词汇学习过程的心理特征与教学策略》通过对学生汉语词汇运用错误的调查，分析了学生汉语词语学习的认知过程，探讨了词汇教学的问题和策略，该文章从认知的角度揭示出学习者词汇获得的心理机制，非常具有启发意义。

没有充分、实证性的科学研究，汉语作为第二语言教学也就仅仅是脱离现实的研究了。因此在词汇学习和教学方面的调查分析和实验研究也是重要的任务。如李绍林的《高水平汉语阅读难点词语调查及其相关问题》和刘颂浩先生的《关于在语境中猜测词义的调查》是其中的典型之作。除此之外，还有郭胜春的《汉语语素义在留学生词义获得中的意义》、黄立等的《第二语言汉语学习者的生成性词汇知识考察》两篇实验报告。其中，郭文谈到了外国学习者已有的词汇结构和语素义知识能对词义获得起什么作用，尤其是对内部结构方式或语素义显义程度不同的复合词来说。这种强调“分”的语素教学思路与以往的思想有很大的不同。

在教材研究方面，比较完整的教材成品就数张朋朋（1989）在法国与白乐桑合著的《汉语语言文字启蒙》。该教材中明确提出“字本位”的概念和字本位教学法：“汉语的一个重要特点是：其汉字是表意文字，个体突出，以单个汉字为基础可以层层构词，故本教材可称为‘字本位教学法’。”①

综上所述，近几十年来，汉语作为第二语言教学词汇及教学研究的特点如下：

① 张朋朋，[法]白乐桑.汉语语言文字启蒙[M].北京：华语教学出版社.1997：1.

①注重词汇系统性。②强调词汇的多维性。③积极探索教学模式和方法。④语素教学受到重视。⑤实证研究日趋加强。

但是，在为汉语作为第二语言教学词汇及教学研究取得了长足的进步感到欣慰的同时，我们也要意识到自己的不足，不断改进，争取再创辉煌。我们需要注意改进的地方有：

①研究的深度有待进一步加强，有些文章主要是摆实例，谈感受，缺少一定的理论分析。②各分支领域的研究不平衡，除了词义教学欠缺外，还有就是针对不同国家学生的词汇教学研究、中高级阶段的词汇教学研究都需要进一步加强。③进一步重视词汇本体理论研究和词汇教学研究的结合。目前多数新的教学模式没有相应的教材支持、新的研究成果和理论体现不到实际教学中去，整个环节滞后于理论研究。④进一步加强实证性研究。无论是新的认识还是新的构想，我们都必须要有实践研究，通过实验、调查获得的第一手数据和资料，那才是有力的证据。

因为同一母语的二语学习者在目的语——汉语习得过程中常会犯一些共性的问题，这些问题甚至不能算错误，因为这些偏误会随着学习者学习的深入、水平的提高，逐渐消失，是阶段性的、动态演变着的。因此对这样一个有差异性特征的中介语系统进行研究，分析母语和环境对学习者正负迁移的影响，能使教师在教学准备中，预知学生的困惑并有针对性地采取相应的教学策略。所以，针对性的国别化教学显得迫在眉睫。下面将着眼于近年来国内对韩词汇教学方面取得的研究进展，进行介绍。

甘瑞媛在《“国别化”国际汉语教学用词表制定的研究》中，以北京语言大学的“动态流通语料库”、韩国国立国语研究院的“常用韩国语语料库”以及国家汉办的《汉语水平词汇与汉字等级大纲》为语料来源，将定量和定性相结合制定出了适用于韩国词汇教学的常用词表。

杨莉莉在《汉语词汇偏误的中介语分析》中，通过对偏误语料的搜集，归类了偏误类型，并对造成词汇偏误两点的原因，即汉语词汇本身的复杂特点以及学习者自身的原因，最后提出相应教学策略。

韩梅在《国际汉语综合课词汇教学初探》中，特别关注了文化词汇的教学，探讨了国际汉语词汇教学的技巧和方法，指出字词句三位一体进行词汇教学的新思路。

朴红瑛在《对韩国学生汉语词汇教学的一点思考》中，从韩国汉字词和固有词两个方面说明了对以韩语为母语的学习者，在汉语词汇学习中可能造成的负迁移。而其中汉字词造成的负迁移影响主要表现在：汉字词与对应的汉语词汇二者在搭配或者使用范围，词义甚至词性上发生了变化而造成偏误。

金明华在《韩国语汉字词和中文词汇的比较》中，从源头上探寻韩国语汉字词的来历，并从中国人学韩语的视角，阐明中韩同形异义词和异形同义词对学习过程的影响。

宗艳艳在《韩国语中的汉字词与汉语词汇的比较研究》中，从词语意义层面对汉字词进行分类。

徐建宏在《汉语词汇和韩国语汉字词的对比研究》中，指出汉字词的大量存在使韩国学生在汉字认读、词汇理解和表达上相比“非汉字文化圈”的留学生更有优势。

刘传清和成葩的《韩汉语言对比与对韩汉语教学》抓住韩汉语言在语言三要素方面的异同点进行描写，并从语言习得的角度对汉语习得中母语造成的正负迁移现象，即各种偏误进行分析，确定了对韩汉语教学的重难点。

全香兰的《汉韩同形词偏误分析》以韩国学生的作业为语料来源，通过大量调查问卷和走访，着重对韩汉同形汉字词造成的偏误进行了归类总结，并将原因归结为相比韩语，汉语词性标志缺乏、使用范围和搭配习惯有异等。并提出避免的办法：包括加强韩汉对比研究、同义词辨析、词语中的语素解释、词语搭配联系等。

王庆云认为，由于中韩两国的交流由于政治原因曾一度中断，加上目前从事对韩汉语教学的教师自身韩语水平并不高，所以对韩汉语教学的成果并不多，在他的《韩国语中的汉源词汇与对韩汉语教学》中，他提倡教师从比较语言学和比较文化学的角度加强对比研究，探讨了汉源词汇的现状、特点及其在对韩汉语教学中的影响，并提出关注对韩汉语教材编写，开展针对汉字文化圈的汉语教学研讨以及重视初级国别化分班制的意义。

潘先军的《汉字基础在韩国留学生汉语学习中的负迁移》反驳了以往认为汉字文化圈的学生（日韩等）一定比非汉字文化圈（欧美国家等）的学生在汉字习得上有优势的论断。认为汉字基础仍然会给中国学生造成负迁移，具体表现在高级阶段汉字认读的音、形、义以及汉字书写的笔顺、繁简体的准确性方面。

张有志的《中韩汉字词比较考察——以同形异义语为中心》从意义层面对韩汉汉字词进行分析，分为了语义扩大、缩小和转移三种情况，并从语言性原因（词语省略和汉字解释）和历史性原因（客观指示物发生变化和对指示物态度发生变化）两个方面分析了同形异义词的成因。

此外，还有一些优秀的硕士学位论文，也就对韩词语教学的课题进行了详细论述，比如杨柳的《初级阶段韩国学生汉语词汇习得偏误分析——以韩国顺天乡大学学生为案例》等。

1.3 理论基础

1941 年，基于行为主义心理学和美国结构主义语言学的双重影响，Whorf 最早提出了对比语言学这个概念[①]。Fries也认为最有效的教材应该包括对目的语的科学描述，以及与学习者母语的翔实比较[②]。与此同时，美国结构主义描写语言学日趋成熟，提出了一整套对语言结构按层次进行切分分析的方法和程序，为这种“科学的描述”提供了语言学基础。但是，该理论由于只把注意力放在母语引起的干扰错误上，否定母语对目的语学习的积极作用，并且忽略目的语语言系统的影响，而存在局限性。之后，以认知心理学为基础的错误分析取代了对比分析，目标之一是探讨Chomsky的普遍语法在多大程度上影响第二语言的习得过程[③]。因为对学习者在二语习得过程中“洋腔洋调”等错误系统进行的全面观察，可以为学习者本人和教师对学习过程进行全面监控提供证据，以便定位教学重难点，采取更有效的学习策略。然而，错误分析走向另一个极端，即完全否认母语的影响，而把注意力主要放在外语语言内部本身的复杂性而引起的发展错误上。

针对对比分析和错误分析理论的局限，科德（S.P.Corder）1967年发表了论文 *The Significance of Learner's Errors*，拉开了国外偏误分析和第二语言习得研究的序幕[④]。1972年塞林格（L.Selinker）在《国际应用语言学评论》（*International Review of Applied Linguistics*，IRAL）上发表论文《中介语》（*Interlanguage*），正式标志着中介语理论的诞生[⑤]。即二语习得过程中，学习者不会在无干扰无偏误的情况下直达目的语，相反，他会历经一系列逐渐趋近但又终未完全到达的中间状态，这个状态中学习者的语言表现为一个独立的、渐变的动态系统，而学习者是这套语言系统规则的创造者，并且学习者因为母语不同，会

① Whorf B.L.Language and logic[J]. Technological Review，43，250–272，1941.

② Fries C.C. Teaching and Learning English as a Foreign Language[M]. Ann Atbor：Wahr，1945.

③ Chomsky N.Syntactic Structure[M]. The Hague：Mouton，1957.

④ Corder S.P.The significance of learner’s errors[J]. IRAL，IX，149–159，1967.

⑤ Selinker L.Interlanguage[J]. IRAL，X，219–231，1972.

呈现不同的偏误分布，显示出差异性特征。中介语理论将语内和语际干扰都考虑进来，相比对比分析和错误分析，更加客观全面，是对前期理论的批判性继承。

1983 年美国黎天睦教授（Timothy Light）在北语讲学时首次提到了中介语理论①，次年，鲁健骥发表文章《中介语理论与外国人学习汉语的语音偏误分析》，再一次详述了中介语理论的相关知识。他认为 Corder 所说的学习者头脑中的“固有大纲”（built in syllabus）是存在的，其中一个有力佐证就是学习者所犯的那些“错误”（errors），并不纯粹是负面的，它应当被看作学习者对所学目的语所做的假设设定（hyperthesis formulation）和再设定（reformulation）的一个连续过程，从此学习者的错误不再只被打上失败的烙印，而是被赋予全新的解读②。

国内的语言大家们也在不同场合表达了引入开展汉外对比，偏误分析的重要性。王力先生（1985）指出，外语教学“最有效的方法就是中外语言的比较”③,鼓励业内学者多多展开国际汉语教学这一全新领域的本体研究。1987 年，朱德熙先生在第二届国际汉语教学研讨会上提出汉语教师了解所教学生母语的重要性④。吕叔湘先生也曾说“只有比较才能看出各种语文表现法的共同之点和特殊之点”⑤。换言之，要认识汉语的特点，就要跟非汉语比较，做到文辞语法的异同了然于心。至此研究对比研究和中介理论开始广泛运用于国内的国际汉语教学，包括教学对象的明确和细化，中介语语料的收集、整理和归类。一时间，国内关于偏误分析和中介语理论的研究如火如荼发展起来，取得了很多成

① 李清华 . 美国语言学家黎天睦教授在我院讲学 [J]. 语言教学与研究，1983（4）.

② 鲁健骥 . 中介语理论与外国人学习汉语的语音偏误分析 [J]. 语言教学与研究，1984（3）.

③ 王力 . 在第一届国际汉语教学讨论会上的讲话 [J]. 语言教学与研究，1985（4）.

④ 朱德熙 . 第二届国际汉语教学讨论会论文选 [M]. 北京：北京语言学院出版社，1987.

⑤ 许余龙 . 对比语言学概论 [M]. 上海：上海外语教育出版社，1992：14.

果，具有代表性的学术作品有：鲁健骥的《外国人学习汉语的词语偏误分析》(《汉语学习》1987年第4期)、《外国人学习汉语的语用失误》(《汉语学习》1993年第1期)和《外国人学汉语的语法偏误分析》(《汉语学习》1994年第4期)，梅立崇《对留学生汉语习得过程中的错误分析》(1984)，李珠和王建勤《关于学生阅读理解失误的调查报告》(1987)，沈晓楠《关于美国人学习汉语声调》(1989)，孙德坤《中介语理论与汉语习得研究》(《语言文字应用》1993年第4期)，王建勤《中介语产生的诸因素及相互关系》(《语言教学与研究》1994年第4期)，李红印《关于泰国学生汉语学习的语音偏误》(《世界汉语教学》1995年第2期)，陈小荷《有关副词“也”的偏误分析》(1996)和《“汉语中介语语料库系统”介绍》(1997)，周小兵《外国人学汉语语法偏误研究》(1997)、李大忠《外国人学汉语语法偏误分析》(1997)和《偏误成因的思维心理分析》(《语言教学与研究》1999年第2期)，施正宇《外国留学生形符书写偏误分析》(1999)，肖奚强《外国学生照应偏误分析》(《汉语学习》2001年第1期)和《外国学生汉字偏误分析》(《世界汉语教学》2002年第2期)等。不难看出，针对不同国籍外国留学生某一阶段某一偏误类型的偏误分析已经开始成为国际汉语教学的重要研究模式。

教学实践中，我们以语素为基础，比对韩、泰、汉各语言内部语素在词汇系统中的地位，展开相关的教学与研究。

1.3.1 语素及语素教学法概说

1.3.1.1 语素在汉语词汇系统中的地位

目前，语言学界提出了新的语法成分划分，指出现在的语法单位有：语素、词语、词组、句子、段落、篇章，即语素是如何构成词的，词是如何构成词组的，词组是如何构成句子的，句子是如何构成段落和篇章的(图1-1)。

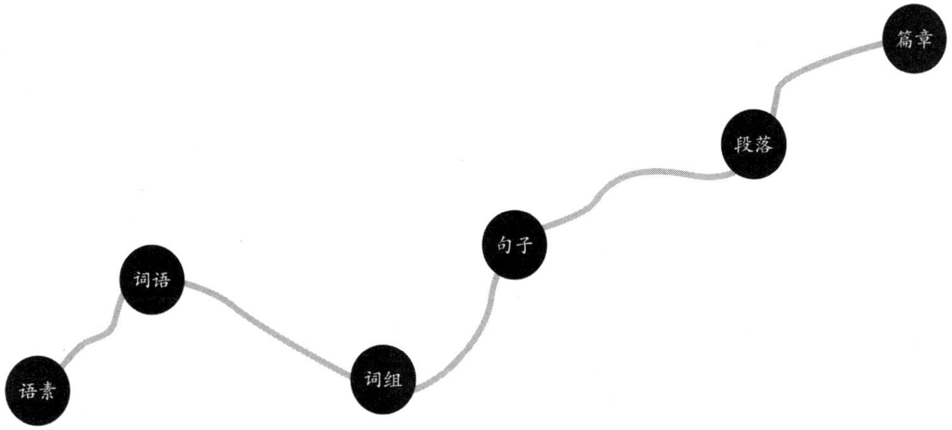

图 1-1 现代汉语语法层级单位结构

基于传统的句法结构，新的语法结构更加细化，分别向两头延伸，大到篇章，小到“语素”。对于“语素”这个新增的概念，语言学界对其出现的必要性基本达成一致，都认为传统的最小结构单位可以继续划分，词可以再划分为语素，但就其界定的问题，仍争议不断，各家各派都有各自的看法。

20 世纪初，美国人类学家、语言学家出于调查印第安语的需要，提倡对语言事实进行客观的描写，注重语言结构的形式描写，在此基础上，美国描写语言学应运而生。描写语言学为语言学界提供了一套语言描写分析的方法，其中语素是语言描写分析的基础。

描写语言学派的重要人物布龙菲尔德认为：语言包括两个层次，一个是音位层次的，它组成语言音系系统；另一个层次是包括形式—意义层次的，它们组成语言的语法和词汇系统。一种语言不仅仅要依靠音位的配列来完成信息传递和交际的任务，还要依靠形式—意义单位的配列。这种形式—意义层次上的最小单位就是语素。布龙菲尔德以英语为例，加以说明。

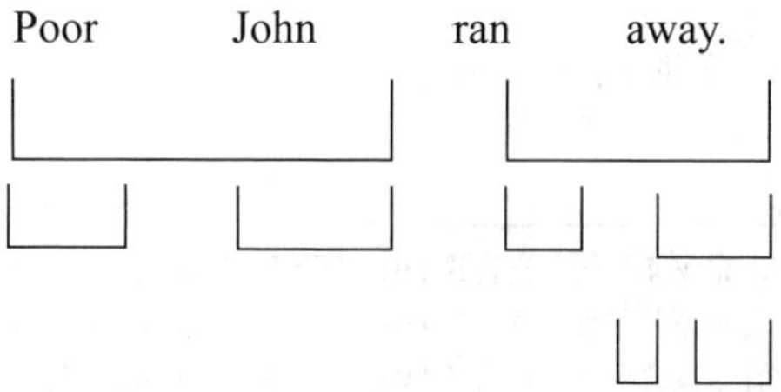

最终切分出来的 5 个最小的有意义的单位是 poor、John、ran、a-、way，它们不能再进一步划分了，否则就没有什么意义了，剩下的就是一系列字母而已。

将以上的例子翻译成汉语，根据形式—意义的要求来划分单位。

1.可 怜 的 约 翰　逃 跑 了 。 2.贫 穷 的 约 翰　逃 跑 了 。

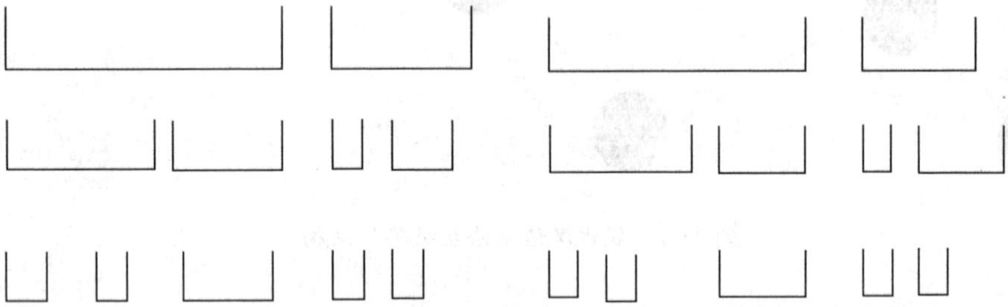

“可”“怜”“约翰”“逃”“跑”及“贫”“穷”“约翰”“逃”“跑”分别是两个句子划分出来的最小有意义的单位，需要注意的是“的”“了”是虚词，只有语法意义，所以先暂不考虑。

布龙菲尔德对语素的定义是：“一个语素就是一个重复出现的（有意义的）语音形式。”[①] 后来又通过简单形式（simple form）和复合形式（complex form）的比较，进一步给语素下了定义：“凡是跟别的语言形式在语音—语义上有部分相似的语言形式是复合形式（complex form）”，[②]“跟任何一个形式在语音—语义上没有任何相似的语言形式是一个简单形式（simple form）或者叫作语素（morpheme）”。[③]

由此看来，确认语素要具备两个条件：一是作为语素的形式必须是能够以大致相同的意义出现在其他复合形式中，二是不能进一步切分为更小的语音—语义形式。

① 布龙菲尔德，语言论 [M]. 赵世开，甘世福，等，译 . 北京：商务印书馆 . 1980：117.
② 布龙菲尔德，语言论 [M]. 赵世开，甘世福，等，译 . 北京：商务印书馆 . 1980：101.
③ 布龙菲尔德，语言论 [M]. 赵世开，甘世福，等，译 . 北京：商务印书馆 . 1980：103-104.

依据布龙菲尔德对语素的定义，汉语研究中一般将语素定义为：最小的音义结合体的语言单位。汉语语素的识别常用陆氏的同形替代法（陆志韦在《北京话单音词汇》提出的方法），张斌（1998）又将这种替代法进一步完善，提出替代法应该满足三个条件：①用已知语素（例如能单说的单音节语素）替换。②双向替换。③不改变语素的意义和语素之间的结构关系。比如：

如“高山”，左栏用“山”同功能的“楼、额、温”替换，在替换过程中，“高”以同样的意义与“楼、额、温”组合，组合后的结构关系与“高山”相同。右栏用“大、深、青”替换“高”，在替换过程中，“山”同样也以相同的意义与“大、深、青”组合，组合后的结构关系与“高山”相同。再如“书架”，左栏用“架”同功能的“包、房、库”替换，在替换的过程中，“书”以同样的意义与“包、房、库”组合，组合后的结构关系与“书架”相同。右栏用“衣、货、井”替换“书”，也就是“架”以同样的意义与“衣、货、井”组合。

高山		书架	
高山	高山	书架	书架
高楼	大山	书包	衣架
高额	深山	书房	货架
高温	青山	书库	井架

但仅仅替换“高、架”只能单向替换，既替换“高、架”，也替换“山、书”才是双向替换。“双向替换”的结果表明，“高”“山”“书”“架”都是最小的有意义的语言单位。在这种替换中，必须要注意同一性，比如“高山、高兴、书架、绑架、骂架”之间没有替换关系。

音义结合的最小单位，中国传统语言学一向都采用“字”说。而后的研究中，汉语语言学界又提出了很多的相关命名概念，在争议不断的同时，morpheme 的另一个译名“语素”以崭新的面貌问世。吕叔湘和朱德熙从科学性上对“语素”与其他的命名概念进行了精辟的辨析、比较，主张采用“语素”这一命名更切合汉语分析的实际。朱德熙 1961 年在其某篇著作里表明其观点：

“应该把 morpheme 译成‘语素’。morpheme 有两种含义，或是指词语内部的有意义的组成成分（词根、词头、词尾等），或是指最小的、有意义的语言单位。就前一种涵义说，译作‘词素’是合适的，就后一种涵义说，译作‘词素’会让人感到先有词，从词里头再分析出‘词素’来。本章所谓‘语素’，指后一种意义上的 morpheme。”①

从 20 世纪 50 年代后期到 80 年代前期，关于 morpheme 在汉语系统中的译名，在不同的汉语研究著述或教材中有不同的提法，其中大多数采用的是“词素”这一术语。直到 1979 年，吕叔湘《汉语语法分析问题》出版，“语素”作为 morpheme 的译名，其内涵才逐渐被更多的人所了解，“语素”这个名称也逐渐得到普及，成为汉语语言学界用以指称最小音义结合体的术语。吕叔湘在这部著作中又一次重申了他在 1958 年发表的观点，指出 morpheme 作为“最小的有音有义的语言单位，不管它是词还是词的部分”，译作“语素”是最为合适的。

“讲西方语言的语法，词和句子是重要的单位，语素、短语、小句是次要的。讲汉语的语法，由于历史原因，语素和短语的重要性不亚于词，小句的重要性不亚于句子。”② 方光焘（1997）把 morpheme 称为“研究语法的钥匙”，这是因为语素这个名称反映了汉语语法的特点。

汉语的特点是什么呢？汉语的语法特点是什么？一般认为，汉语语法最基本的特点是缺少狭义形态变化。而汉语之所以有这样的特点与汉语最小的结构单位的性质是密切联系的，即汉语语素的最重要特点就是单音节性，汉语语素的单音节性决定了汉语不可能像印欧语系那样形态变化多样。

① 杨锡彭 . 汉语语素论 [M]. 南京：南京大学出版社 . 2003：8.

② 方光焘 . 方光焘语言论文集 [C]. 北京：商务印书馆 . 1997：78-80.

1.3.1.2 相关概念的辨析

1.3.1.2.1 词与语素

吕叔湘先生认为：词应该是语言中最小的意义单位或者表现单位。但是他也指出“词有单纯性和复合性，单纯的词同时兼为意义和表现的单位，复合的词只是最小的表现单位，不是最小的意义单位”。① 新中国成立十年后的研究，吕叔湘先生又将词定义为“语言的最小的独立运用的单位”。②

孙常叙（1957）：“词是一个形式和内容统一起来的语言最小单位。”③

张寿康（1981）：“语言中的词既是词汇学研究的对象，又是语法学研究的对象，同时语音又是词的物质外壳，所以又与语音学有关系。”所以，“词是语音和意义结合的一种最小的语言单位。如果从语法的角度来说，词具有一定的语法特征，在造句法上能自由运用的最小语言单位；从构词法的角度来看，词是由具体意义的构词单位——词素构成的最小的语言单位。”④

刘叔新（1990）：“词是最小的完整定型的语言建筑材料单位。”⑤

葛本仪（2001）：“词是语言中一种音义结合的定型结构，是最小的可以独立运用的造句单位。”⑥

从以上的定义中我们发现词的两个必要条件：①音义结合的语法单位；②最小的可以独立运用语法单位。

什么是“语素”？先让我们看一个例子 。

“蜻蜓”的语音形式是“qīngtíng”，指“一种昆虫”。我们将它割分为两部分——“蜻”和“蜓”，就每个独立的部分来看，它们的意思无法解释，即没

① 吕叔湘 . 中国文法要略 [M]. 北京：商务印书馆，1947：65–67.
② 吕叔湘 . 语言和语言学 [J]. 中国语文，2 月号，3 月号 .
③ 曹炜 . 现代汉语词汇研究 [M]. 北京：北京大学出版社 . 2004：32.
④ 曹炜 . 现代汉语词汇研究 [M]. 北京：北京大学出版社 . 2004：32.
⑤ 葛本仪 . 现代汉语词汇学 [M]. 青岛：山东大学出版社 . 2006：113.
⑥ 葛本仪 . 现代汉语词汇学 [M]. 青岛：山东大学出版社 . 2006：114.

有意义。再如“蜡烛”中的“蜡”和“烛”，它们被分开后仍具有意义。“蜡”：①某些动、植物或矿物质所产生的油质，具有可塑性，常温下是固体；②指蜡烛；③形容像蜡那样淡黄。“烛”：①蜡烛；②〈文〉照亮；③灯泡功率的非法定量单位，相当于瓦特。同时它们也可以组成很多其他词语，如：蜂蜡、蜡人、烛火。

语言学界将像“蜻蜓”这样的整体看作是一个语素，将“蜡”和“烛”分别看成一个语素。因此，我们可以得出：语素是语言单位，是最小的直接构成词的语言单位；是一个音义结合体，在具体的词中是一个凝固的整体，不可再次切分，如果将它们分开，每个成员都只有语音形式而没有了完整的意义。

语素和词在语言中是各自独立的但是又是联系密切的两级语言单位。语素是构词的单位，词是被构成的结果。从性质上来说，虽然它们都是音义结合体，都具有“最小的”“能独立运用”等特点，但是相对于造句来说，最小的能独立运用的是词，相对于造词来说，最小的能独立运用的是语素，它们不在同一个语法层面。从动态言语环境，语素受到句中其他语法单位的影响较小，只是参与构词。但是也需要注意的是，有些单纯词是由一个语素构成的，因此构成单纯词的语素在句子中就会受到双重的言语环境的影响。从数量和能产性的角度看，语素的数量要少于词，语素构词是有限的，但是词语造句是无限的。尽管词与语素的区别比较明显，但是我们也不能否认词与语素的关系是密切的，从历史角度上来说，他们是同时产生的，并且互相促进，共同发展。

1.3.1.2.2　语素和词素

从20世纪50年代后期到80年代前期，“语素”的地位尚未在汉语研究学界确立，它只是一个新兴的陌生面孔，研究著述和教材大多数使用“词素”。随着语素的出现，在争论中很多人都认为“词素”和“语素”是同一个事物，只是各自的招牌不同而已。但是，经过长期的研究证明，“语素”和“词素”不同。

以“打”为例，在“打架”中，“打”是词的构词成分，但是“打”也可以独立成词。由于汉语最小音义结合体的“打”作为词的构词成分与作为句法单位的词在自身形式上没有区别，因此“打”构成的“打人”与“打篮球、敲打”到底是不是同一级语言单位，很难从两个最小单位自身的形式上把它们区分开来。汉语当中大多数最小音义结合体在历史上是独立成词的，在现代汉语中，语素独立成词并没有词形上的变化，汉语的复合词结构与句法结构具有很大的一致性，这就决定汉语的词和词组之间根本划不出一个鲜明的界限来。

如果采用“词素”这个术语，从逻辑先后上来讲，首先必须确定他们都是词。而在汉语系统中确定是否为词也并非易事（因为短语和词的区分是比较难的）。而采用“语素”这个术语，便可以避开“是不是一个词”的纠缠，直接切出最小的音义结合体即可。因此采用语素这一术语不仅分析方便，而且是符合汉语的实际特点的。

简单来说，“词素”是从“词”分解出来的，没有“词”就谈不上“词”的组成部分，仅针对词汇；而“语素”从语言的宏观角度入手，层层而上，介于语法和词汇之间，更细致地说包括最简单的、不能划分出不同的构造成分来的词、词内可以划分的最小音义结合单位以及句子结构中有一定语气和音调形式的句调和有一定关系意义的特定词序。因此，刘叔新先生认为语素包括词素，但是许多语素并非词素。

1.3.1.2.3　词、语素和字

现在人们一说到汉语中的“字”和“词”，首先的印象就是：“字”是指书面上的那种方块形体，而“词”则是和英语的 word 一样，是指语言中的基本单位词。再说到“语素”，有的学者就否认它的存在。徐通锵（1997）认为：汉语中不仅没有语素，甚至连语素的概念都没有。① 他认为“字”才是汉语社团中的中心。

中文里的“字”是非常有特色的东西，它适应了汉语单音节音义单位的需要，是以一个方块形体记录一个单音节的音义结合体，一个字既是一个音节符号，也是一个意义符号。“形音义”三位一体应是汉字符号不同于表音文字符号的重要特征。

关于词和字的关系是显而易见的，我们可以通过图 1–2 来表示。

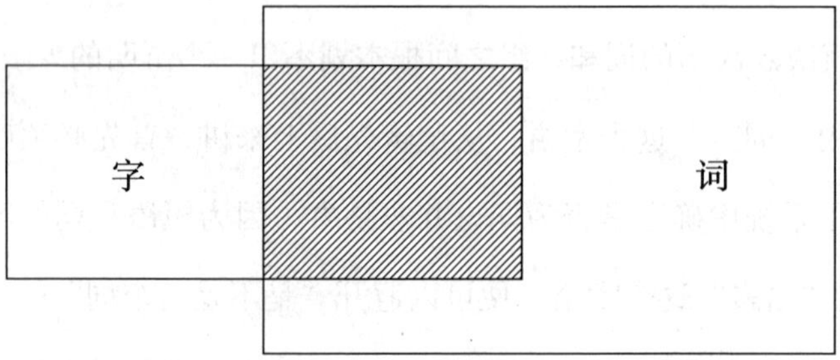

图 1–2

现在汉语言学界争论最大的是“语素本位”和“字本位”。字本位理论是徐通锵先生提出的，其中他的《说“字”》是对这一观点阐述较为充分的一篇著作，其观点为：

字本位理论的“字”不仅仅指文字的字，更主要是指语言中的一种音义结合的单位，只不过是其中单位的语音形式是单音节而已。这样看来字与语素没有什么区别，但是徐先生却说：“字和语素相互间没有可比性，不能把他们混谈”，原因是“语素概括最早是布龙菲尔德提出的，它的身上有着结构主义的烙印——只研究表达方面而不重视内容”，“字”却是一种表达与内容统一的化身。

① 徐通锵 . 基础语言学教程 [M]. 3 版 . 北京：北京大学出版社，2004：197–198.

这种观点在葛本仪先生的《现代汉语词汇学》中被指出“这样制造语素和汉字的对立是不恰当的，结构语言学不管语素的意义内容，并不是它没有意义的内容；结构语言学只是研究表达方面，把语素归为表达结构系统，但并不是说它不属于内容系统”。①

其实，语素概念进入汉语，首先是跟中国传统的“字”产生了交叉的关系。字跟语文里的结构单位有关系，是书面形式，后来字发展成为音义结合的概念，将其固有的本质和新的概念融合在一起，这样就渐渐趋向于“语素”了。

纵观20世纪汉语研究史，从“字”到“词素”再到“语素”，术语的更替变化反映了中国语言学界对汉语研究不断科学化、精密化。Morpheme 定名为“语素”并最终取代“字”成为汉语中最小的音义结合的语言单位和最小的语法单位，使汉语结构系统的分析更加严密和完整。

1.3.1.3 语素教学法

语素这一层级的语法单位的确立，促进汉语语法的研究深入到词的构成中，使汉语语法研究更加贴近汉语语言事实，从而在把握汉语最小结构单位基本性质的基础上，解释汉语语法现象，描述汉语语法规律。研究运用于实践，语素教学法随之出现。

1.3.1.3.1 语素教学法的概念

现代教育理论将知识分为两类：一类称概念性知识；另一类称程序性知识，即方法性知识。而“最有价值的知识是具有方法性的知识”（笛卡儿），语素教学法则是一个典型的方法性的知识体系。

最早提出“语素教学法”的是盛炎（1990）。“语素法”又称为“语素扩展法”，是利用现代汉语词汇以单音节语素为基本构词单位的特点，使留学生掌握词和语素，词义和语素义的方法。即在词汇教学中，除了讲练目标词语的词义

① 葛本仪．现代汉语词汇学[M]. 青岛：山东大学出版社．2006：135.

和用法外，还要将词语中的语素加以离析，然后以一定的义项为单位与其他已学或未学的词素再行组合，从而巩固所学词语（包括目标词语和已学词语）和扩大新词的学习范围。

1.3.1.3.2　语素教学法用于汉语词汇教学的意义

第一，掌握一定数量的语素和语素构词法，可以迅速地扩大词汇量。

对把汉语作为第二语言的学习者来讲，词汇很难，数量很大，以《汉语水平词汇与汉字等级大纲》为例，其中初级阶段需要掌握的甲类词和乙类词共计3051个，中级阶段要5253个。而汉语中约占97%的语素是单音节的，它们组合成新词的能力极强，而且其中许多单音节词语素本身就是词，所以掌握一定数量的语素和构词法，可以迅速地扩大词汇量。

第二，学习语素有利于建立汉字音、形、义的联系，从而加强汉字记忆。

初级阶段需要学习的汉字有1604个，中级阶段达2205个，其中大多数汉字是与生词同时学习和认记的，这就衍生出大量的生词。同时，目前的汉字教学主要偏重于汉字结构的教学，对于汉字的字素、字义不够重视，往往是被动地记忆和机械地对形体、笔画模仿。而采用语素分析，则有利于加强汉字的记忆，词义的推断，从而建立起系统的联系。

第三，学习语素有助于正确理解词义，辨析同音词、同义词。

汉语是理据性高的语言，复合词的意义一般可由其组成成分去探求，大部分语素都保持原来的意义不变。而现行的教学法一是对词义理解得不准确，主要依赖翻译来解释相应的词语；二是两个语言词汇之间的意义并不是简单的一一对应关系，绝大多数的词语之间都存在着程度不同、方面不同的差异，单纯用翻译的方法让学生理解词义，有时会产生词义的偏误；三是汉语中同音词、同义词较多，课堂教学时间有限，词汇的学识还是要靠学生自学，对于那些易混淆的同音、同义词，学生采用语素分析更为方便有效。

1.3.1.3.3 语素教学法用于汉语作为第二语言的词汇教学尝试

王又民（1994）是这种教学方法最早的实践者之一，他通过统计3000常用词，确定1337个需尽早掌握的单音词，在初级阶段采用单音节词（汉字）——语法（构词法）——复合词一体化方法进行词汇教学，使学生在尽早掌握1337个单音词后，可以由此顺利地掌握516个直观认知类甲种复合词，并为余下的1147个词的认识创造语言环境。在此基础上，王周炎、卿雪华（2004）又提出部分建议：进行语素教学时应先教一些构词能力强的单音节语素，语素与复合词教学同步进行，结合构词法进行语素教学，辨析发音相同的词和近义词时应突出语素教学，从而进一步完善该种教学法。李如龙、吴茗（2005）在语素教学法的研究成果中总结出词汇教学的两大原则，把“语素分析原则”与“常用先学原则”二者结合。这样学习和教学“一方面，可以在短时间内让学生看到自己学习的成效，增强其信心，提高学习积极性，避免长时间停滞不前所造成的学习疲劳；另一方面，能在有限的学习时间内，教给学生科学地掌握汉语词汇的方法，下至汉字、上至句子、篇章，形成一个良性的自学机制，使学习过程能延伸到课外”。①

由于语素教学法是新兴的教学法，其教学法的实施基础要求相对于传统词汇教学法又比较细致，至今还没有在词汇教学领域成为强势教学法，更没有融入教材编写中，所以整个应用体系不够完成。现比较完整的相关研究成果是吕文华在第六届国际汉语教学讨论会上发表了一篇题为《建立语素教学的构想》的文章，试图将语素教学法从理论研究上引进到实际教学中。《建立语素教学的构想》（以下简称为《构想》）这篇由语素教学法研究不断深化的结果而产生的文章，从语素教学的步骤、操作、分级三个方面论述了语素教学在整个汉语作为第二语言词汇教学中的实施，并对教材的编写提出部分建议，但目前仅仅为构想，尚未实施于教材编写当中。

① 孙德金．国际汉语词汇及词汇教学研究[M]．北京：商务印书馆．2006：123-124.

1.3.2 语素与汉语词汇的构造

1.3.2.1 汉语构词法

汉语作为第二语言教学中的目的语，毫无疑问汉语本体的研究是重中之重。而作为汉语作为第二语言教学教师，只有了解了汉语的基本常识才能进行基本的教学。

1.3.2.1.1 构词法介说

张寿康先生指出："作为一门科学，构词法就是研究咱们语言中词的构造的规律的学问。产生新词的时候，新词的结构就是按照构词法产生的。"①

武占坤、王勤先生指出："构词法是利用构词材料，按照构词规律，构造新词的方式方法。"②

陈光磊先生指出："构词法指由语素构成词的法则，是对既成词的结构做语法分析，说明词内部结构中语素的组合方式。对单纯词、派生词、复合词等结构类型作分析，就是属于构词法的。"

武占坤、王勤先生所谓的"构词法"实际上讲的是"造词法"；张寿康先生所说的"构词法"除了真正的构词法外，也包括"造词法"；陈光磊先生所提到的构词法虽然仅限于语法学范畴，但是较其他定义已经比较完善了，他将构词法和造词法的区别揭示得清清楚楚。后来刘叔新先生也对词做了一番研究，也提出了自己的看法。

"瓷都是值得赞美的，景德镇的瓷都是值得赞美的，然而更值得赞美的是景德镇的人。"

"我从许昌换乘到下张庄的长途汽车来到了平顶山矿区……随着每天的开

---

① 张寿康 . 构词法和构形法 [M]. 武汉：湖北人民出版社 . 1981：1.

② 曹炜 . 现代汉语词汇研究 [M]. 北京：北京大学出版社 . 2004：40.

采，一座新的城市也必然出现，这座新城无疑是中原的‘煤都’。”

“你一定知道我国的第一个‘油都’——玉门油矿的老君庙吧。”①

“瓷都”“煤都”“油都”这些词语都是随着社会不断发展而产生的，并不是自古就有的，可以说算得上是新词。在没有学习过的前提下，人们看到这样的词语仍然能理解，并发展运用又产生相关的新词，如“花都”“钢都”。从意义上说这些词语都是新词，但是从结构上来说并不是新词，它们仍是按老办法造出来的，这个老办法就是我们所说的“构词法”。

偏正结构

首都 → 瓷都、煤都、油都、花都、钢都

综合来看，造词法和构词法其实是相融的，我中有你，你中有我，只是构词法从静态的角度对现有的词语内部的语素间关系进行考察，而造词法是从动态的角度，对词语的发生学研究。前者关注的是词语内部各成分之间的关系有无规律，有哪些规律等；后者关注的是词是怎么产生的，有无规律，有无理据，都有哪些规律和理据等。无论是构词法的研究还是造词法的研究，它们对汉语词汇系统的研究都有不可忽视的作用，并对学习汉语思维模式产生重要的影响。

1.3.2.1.2　现代汉语词的构成类型

现代汉语词汇按照不同的角度可以划分不同的类型，见图 1–3。

按照语音形式来划分有单音词和复音词。单音词就是由一个音节构成的词，如：天、地、人、牛、马、大、红、少、高、圆、走、吃、跳、抓、想。

复音词则是指两个或者两个以上的音节构成的词，如：讨论、问题、运动、实际、定义、语言学、生产力、科学家、电视剧、副食品、个人主义、社会主义、求同存异、画蛇添足、结构形式。

① 张寿康 . 构词法和构形法 . 武汉：湖北人民出版社 . 1981：2–3.

根据每个词的不同内部结构形式，可以把现代汉语的词分为单纯词和合成词两类。由一个语素构成的词叫作单纯词，如：人、少、跑、芙蓉、蜻蜓、忐忑、巧克力、法西斯、奥林匹克。由几个语素组合而成的词语叫作合成词，如：意义、胖子、动情、泥石流、人造毛、万事如意、艰苦奋斗。合成词又分为：复合词，如皮鞋、提高、上下、心疼、吃光；重叠词，如妈妈、婆婆、姐姐；由附加式而产生的词，如老虎、孩子、红彤彤、绿化。其中复合词的构成类型，是构词法研究的主要对象。

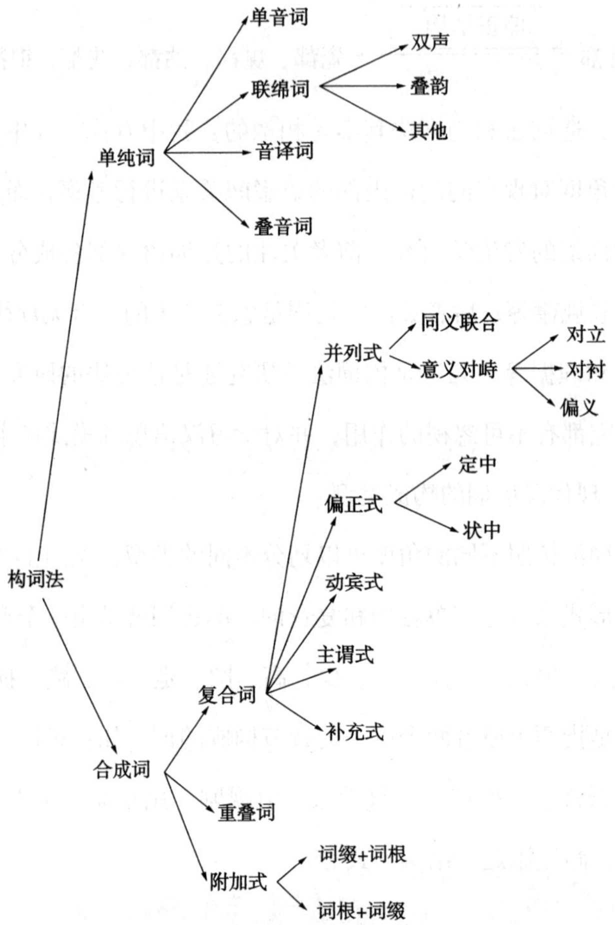

图1-3　汉语构词法示意图

复合词至少要由两个不相同的词根结合在一起构成。从词根和词根之间的关系看，主要有五种类型：

（1）联合式：由两个意义相同、相近、相关或相反的词根语素并列组合而成，又叫并列式。

语言、疾病、牙齿、道路、处所、关闭

矛盾、是非、东西、上下、死活、开关

尺寸、岁月、针线、手腕、骨肉、窗户

（2）偏正式：前一词根语素修饰、限制后一词根语素，其中又可细分为状中结构（表状态，修饰语一般修饰的是动词性语素、副词性语素、形容词性语素等，即中心语是动词性语素、副词性语素、形容词性语素等）和定中结构（表属性或性质，修饰语一般修饰的是名词性语素等，即中心语是名词性语素等）。

火车、国旗、飞机、好人、眼镜、人流

前进、好看、可怕、雪白、飞跑、笔直

（3）动宾式：前一词根语素表示动作、行为，后一词根语素表示动作、行为所支配关涉的事物，又叫作支配式。

飞天、放心、关心、讨厌、认输、管家

招手、洗澡、丢脸、取笑、吃惊、失业

（4）主谓式：前一词根语素表示被陈述的事物，后一词根语素是陈述前一词根的，又叫陈述式。

眼红、心急、年轻、口吃、心疼、民主

地震、霜降、日食、海啸、脸红、自学

（5）补充式：后一词根语素补充说明前一词根语素。

提高、降低、吃光、拿走、下去、合成

人口、马匹、事件、船只、诗篇、花朵

现代汉语中，除了复合构词法，还有一类构词法我们得在此强调一下——附加式。附加也是现代汉语常用的一种构词法，它是指词语由词根和词缀构成，词缀在词根前面的叫前缀，词缀在词根后面的叫后缀。附加的方式有加缀和减缀等，其中最常见的是加缀构词。

改革开放以来新词新语不断涌现，一些老词语花样翻新，特别是“词根与词缀”结合的构词方式渐渐增多，即：词缀附加构词法在讲求语言的简洁性、经济性的宏观指导下成为当代语言的一种简便快速的成词方法。如：个人主义、自由主义、自我主义、个性主义、理想主义、折中主义、自然主义、戏剧化、公开化、透明化、规范化、条文化、职业化、系统化、数量化、多样化、真实性、规律性、普遍性、多样性、矛盾性、主观性、片面性、表面性、私人性、有组织性、无组织性、无限性、尖锐性、同一性、悲剧性、神秘性、挑拨性、季节性、研究性、急性、烈性、长期性、创造性。

与之相应，作为伴生物的词缀大量地增加。而这类词缀，由于其特殊性，我们称之为“类词缀”。类词缀是构词逐步定位黏着、意义逐渐虚化地介于词根和词缀之间的一种语法单位。它在语义上既表语法范畴，又有一定的词汇意义；构词上是附加形成标志，有仿拟类作用，其抽象泛化意义类推形成了以同一词缀聚合的词群，表意功能比形式标志更明显，所具有类别意义是词义构成的重要组成部分。由于该类构词法产生的词语有一个很突出的特点，即模仿种类作用，使杂乱无章的词语形成一个类化的聚合集，在教学中我们也应该注意此类词语的教学捷径。

1.3.2.2　现代汉语词义的合成方式

在汉语作为第二语言的教学中，改善词汇教学的质量有助于教学效率的提高，其中词义的教学又是重中之重。汉语合成词在语义构成上很有自己的特点，即不少词的意义都与其构词字（语素）的意义有着不同程度的关联。

符淮青（1985）曾把汉语中语素义与词义之间的关系概括为五种类型：①语素义直接地、完全地表示词义。如：跑鞋——赛跑运动员穿的鞋子，鞋子窄而薄，有的前掌安装有钉子。天宫——天上的宫殿。②语素义直接地、部分地表示词义。如：山脚——山坡和平地相连的地方。跑题——说话或写文章离开了中心或主题。③语素义间接表示词义。如：跑买卖——来往各地做买卖。七窍生烟——眼耳口鼻等七孔都起火冒烟，形容生气到了极点。④表词义的语素有的失落原义。如：妻子——男人的配偶。毛病——指人的缺点或不良习惯。又可以指器物上的缺损或故障，泛指工作中的问题或弊端。忘记——经历过的事情未能留在记忆中或是该做的、准备做的事情没有想起来做。⑤语素义完全不表示词义。如：小心——留神、当心。上当——因受骗而造成损失。

在此研究基础上，郭胜春先生又进一步细化，从单义词和双义词的分类角度对词义的合成类型进行了分析。

首先，将单义实词的语素显义类型（亦即语素义与词义的关系）划分为以下几种：①显性关联型。词义相当于语素义的加和，词义与构词语素义有较直接或直观的联系。如：订购——预约购买（物品）。男仆——男性仆人。②半显性关联型。词义在语素之外需补充必要的、暗含的成分，以更清晰地限定意义范围，有时将语素解释为相关的近义词。如：男子汉——男子，多用来指身体健壮或刚强的男子。山峰——高而尖的山顶。③隐性关联型。词义不停留在语素层面，而有所引申、比喻，或具有特指意义。如：新手——尚未熟悉做某事的人。炒鱿鱼——比喻解雇或解聘。炒熟的鱿鱼形状像铺盖卷，被解雇就要打铺盖卷回家，故称为炒鱿鱼。④不关联型。词义已固化成一个具有独立含义的结构，今天已无法从中直观地辨识构词成分在其中的意义。如：马虎——疏忽大意，不细心。和尚——出家修行的男佛教徒。

其次，关于双义项实词统计调查，按照该词两个义项的词性，以及两个义项与语素义的相关度，可以归纳为不同的类型：（1）兼类显性—半显性关联型。词性不同，两个义项与语素义的联系均比较直接。例如：起源——①开始发生（作动词）；②事物发生的根源（作名词）。意外——①意料之外（作形容词）；②意外的不幸事件（作名词）。（2）同类显性—半显性关联型。词性相同，两个义项与语素义的联系均比较直接，但所涉及的语素义相异，或词义的外延不同。例如：要道——①重要的道路（作名词）；②重要的道理、方法（作名词）。加入——①加上，掺进去（作动词）；②参加进去（作动词）。（3）兼类半显性—隐性关联型。词性不同，其中一个义项与语素义直接相关，另一个义项有特指义或引申比喻义，或今天看来两个义项与语素义的联系均比较模糊。例如：冷落——①不热闹（作形容词）；②使受到冷淡的待遇（作动词）。抽象——①从许多事物中舍弃个别的、非本质的属性，抽出共同的、本质的属性（作动词）；②不能具体经验到的，笼统的，空洞的（作形容词）。（4）同类半显性—隐性关联型。词性相同，其中一个义项与语素义直接相关，另一个义项有特指义或引申比喻义，或今天看来两个义项与语素义的联系均比较模糊。例如：山头——①山的顶部，山峰（作名词）；②设立山寨的山头，比喻独霸一方的宗派（作名词）。天真——①心地单纯，性情直率（作形容词）；②头脑简单，容易被假象迷惑（作形容词）。[①]

1.3.2.2.1　语素分布与现代汉语词汇构成

清华大学苑春法、黄昌宁在自然科学基金的支持下建立了一个大规模数据库——汉语语素数据库。汉语语素数据库对其所覆盖的 6763 个常用汉字及其构成的二字词、三字词及四字词进行了穷举描述。见表 1–1。

---

① 郭胜春．常用合成词语素显义类型统计分析及其对教学的启示 [J]. 暨南大学华文学院学报，2006（1）：27–35.

表 1-1　汉语语素数据库统计表

统计项目	未合并前的数量 / 个
汉语语素项	17470
语素	10442
二字词	78230
三字词	6700
四字词	14200
共计	116600

这个语素数据库中语素项共有 17470 个，语素 10442 个，由这些语素构成的二字词有 78230 个，三字词 6700 个，四字词 14200 个，共计 116600 个项目。其中单字语素有 9712 个，占总数的 93.0% ；二字及二字以上的语素为 730 个，占总数的 7.0%，可见单字语素占汉语语素的绝大多数。进一步计算，单字语素中还有 1959 个 0 义项语素，这些 0 义项语素一般和其他语素构成的词属于固定用法或典故，即不归入任何一个义项而单独列出的词，例如：“瓦全”“弄瓦”“员外”等。这些词语中的“～全”“弄～”“～外”语素没有意义，去掉这些语素后汉语的单字语素还有 7753 个。我们认为“研究这 7753 个语素对于揭示汉语的构词规律有直接的意义，因而我们称这些语素为基本语素”。[①]

这些有限的基本语素按照汉语构词类型构成了无限丰富的汉语词汇，复合词成为现代汉语词语发展的主流，其中二字词是复合词中的典型代表。

就构词类型来看，偏正和动宾的结构类型比较多，见图 1-4。

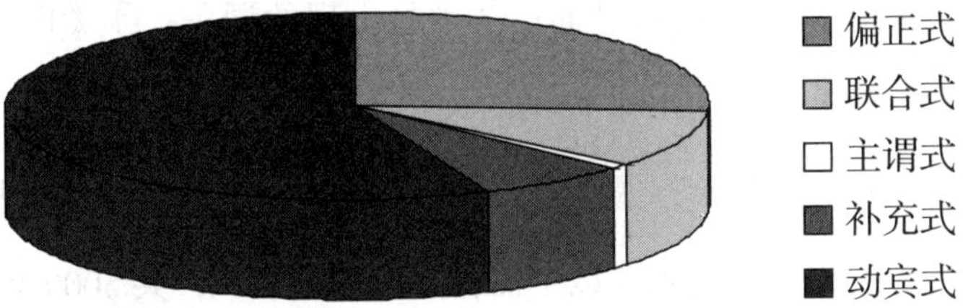

图 1-4　词语构词方式分布图

① 苑春法，黄昌宁 . 基于语素数据库的汉语语素及构词研究 [J]. 世界汉语教学 . 1998（2）：19–27.

其中构成的名词有 22016 个，占 51.1%，动词有 15666 个，占 36.4%；形容词有 3276 个，占 7.6%；三类词合起来占总二字词的 95%。见表 1-2。

表 1-2　汉语中二字复合词的结构及各语素的分布情况

构词方式	名词	动词	形容词
联合	2357	4257	2056
偏正	17994	3647	624
述补	11	927	25
量补	34	0	0
述宾	290	7134	165
主谓	74	243	93
述介	0	23	4
前缀	38	5	0
后缀	776	115	126
重叠	54	13	126
简称	29	13	0
数词缩语	8	0	0
固定词组	230	38	41
未注标记	121	172	16
合计	22016	15666	3276

1.3.2.2.2　语素义与现代汉语词汇系统词义构成

关于语素义和词义的数据统计，根据《现代汉语频率词典》(1986)，有学者也做了一个调查，对使用度最高的前 8000 个词，词表中的词语进行了分类统计。从该 8000 词词表中，先剔除一些词语：①单音词；②介词、助词、连词、副词、叹词、象声词、代词和量词；③重复出现的词条；④《现代汉语词典》(1996) 中不作为词条单列出来释义的词语：如“珊瑚”“蚯蚓”“平方”“摄氏”“支书”“高中”“纷纷”“默默”等单纯词、专门术语、缩略词、重叠法构成的词。之后，得出统计词表（以下简称“统计词表”)，共 5000 多个词，然后再根据《现代汉语词典》，为表内所有词语标注义项解释。其中关于语义的统计见表 1-3。

表 1-3 关于语素义和语义的关系统计

实词类型	语素义与词义的关系	数量	百分比
单义实词	显性关联	1295	42.1%
	半显性关联	1088	35.4%
	隐性关联	693	22.5%
双义实词	同类半隐性—隐性关联	532	42.8%
	同类显性—半显性关联	423	34%
	兼类显性—半显性关联	208	16.8%
	兼类半显性—隐性关联	80	6.4%

语素义与语义的重要说明如下：

（1）显性关联型：合成词意义单一，且语素义能较直接地、完全地表示词义。

（2）半显性关联型：词义在语素之外需补充必要的、暗含的成分，以更清晰地限定意义范围，有时将语素解释为相关的近义词。

（3）隐性关联型：词义不停留在语素层面，而有所引申、比喻，或具有特指意义。

（4）不关联型：词义已固化成一个具有独立含义的结构，今天已无法从中直观地辨识构词成分在其中的意义。

（5）兼类显性—半显性关联型：词性不同，两个义项与语素义的联系均比较直接。

（6）同类显性—半显性关联型：词性相同，两个义项与语素义的联系均比较直接，但所涉及的语素义相异，或词义的外延不同。

（7）兼类半显性—隐性关联型：词性不同，其中一个义项与语素义直接相关，另一个义项有特指义或引申比喻义，或今天看来两个义项与语素义的联系均比较模糊。

（8）同类半显性—隐性关联型：词性相同，其中一个义项与语素义直接相关，另一个义项有特指义或引申比喻义，或今天看来两个义项与语素义的联系均比较模糊。

总体来看：① 1295 个显性关联型的单义实词占其中的 25.4%，即 5000 词里有 1/4 的词语可以直接通过语素义猜出词义。如果加上 225 个含有词头或词尾的词语（暂不论是否多义），这个比例上升到 29.8%。②半显性关联型共计 1088 个，占 35.4%。语素义和词义显性关联和半显性关联的词语共计占 65.2%，即：我们可以通过语素义猜出词义的词语共占 5000 多个常用词语的一半以上。③ 1243 个双义项词语、374 个 3 义项以上的词语、122 个同形词以及 54 个 1 义项为虚词、其余义项为实词的词语，加起来共 1793 个，其中语素义与词义关系为显性—半显性关联型的词语就占 50.8%，也是为理解这些词的意义提供了一定的优势。[①]

根据以上文献资料总结出来的数据，从汉语词汇构成和语义这两个方面为语素教学法提出了实证性的依据。也就是说，我们进行对泰汉语词汇教学的过程中就汉语本体要注意语素分布、词义构成的规律：单字语素在整个汉语词汇系统中占了 93%，其中由这些单字语素按照复合词形式组成的二字词又占了整个词汇系统的绝大部分。各语素之间的结合，从结构上遵循联合、偏正、补充、动宾和主谓语法形式，在语义合成上大部分都是可以从语素义猜到词义的。

1.4 研究意义及方法

近几年来，无论是汉语本体研究还是汉语作为第二语言教学研究，都渐渐开始把研究重点放在了词汇研究和教学方面，研究课题也表现出不断的广泛和细化，特别是对词汇的结构、语义网络等做了细致的研究，并明确提出汉语作

① 郭胜春．常用合成词语素显义类型统计分析及其对教学的启示 [J]. 暨南大学华文学院学报．2006（1）：34-40.

为第二语言教学的教学发展的趋势——“强化词语教学，淡化句法教学”（杨惠元，1997）。

汉语语言本体词汇研究为汉语作为第二语言教学词汇教学提供了本体研究基础。1998 年，清华大学苑春法、黄昌宁两位先生在国家自然科学基金支持下建立了一个大规模的数据库——汉语语素数据库，它对所覆盖的 6763 个汉字语素及其所构成的二字词、三字词、四字词进行了穷举描述，用精确的数据来阐述了汉语语素的类别、成词构词方式，类序及语义、字义组合等。继而，张凯在其研究主题《汉语构词基本字的统计分析》中，对 3500 个常用字和次常用字的构词能力进行了分析和等级划分，提出汉语作为第二语言教学时，词汇及汉字的教学应该遵循常用字和次常用字的构词能力的等级划分，这样有利于学习者掌握词汇和更多的汉字。周健、廖暑业的《汉语词义系统性与国际汉语词汇教学》（2006）提出了汉语词汇的词义系统和网络性是客观存在的，并且在形式上有所表现，这给汉语作为第二语言教学词汇语义环节的教学提供了新的出口，带来了很大的便利。王艾录、司富珍的著作《语言的理据》也对汉语词汇构成，包括语义方面的问题进行了深刻的讨论。王绍新的《汉语复合词内部的语义构成》从留学生作文中的“这就是他死前所做的工作”一句的“死前”这个错误入手，提出一个问题：汉语中某些复合词表面不合理，但却正确，为什么？借此来探讨语素与词义，词义与认知的关系。万艺玲的《语素“三”“九”构成的合成词和固定语》从构词能力较强的数字“三”“九”作为考察出发点，以义项为纲，按构造分类，分别阐述它们的意义，表现中华民族的数字与语言之间的思维模式，是语素与认知相结合的一篇典型例作。

汉语作为第二语言教学理论研究取得了丰硕的成果。首先是原则问题，李如龙、吴茗在他们的文章《略论国际汉语词汇教学的两个原则》中讨论了“区分频度原则”和“语素分析原则”，强调层次观念。其次，提出新的概念，其涉及语言本体研究，汉语作为第二语言教学及语言学心理方面，如“语素”“词素”“教学本位”“配价理论”“隐喻和转喻”及“篇章”等理论概念。除了第二语言习得理论外，认知心理学的进步推动着认知语言学的前进，更科学地用来解释语言教学，如齐春红先生从认知语言学理论的角度对词汇教学的关键作用进行了理论阐释，运用结构假说、隐喻理论、完形心理学理论阐明了词汇教学有助于在学生头脑中形成语义的整体化、网络化，更有利于语言项目的识记、编码、贮存和提取。邵菁的《配价理论与国际汉语词汇教学》试图在汉语作为第二语言教学词汇教学的研究中运用配价理论的一些基本原则和方法，这些原则和方法包括：①在语义配价的基础上兼顾句法配价，提高学生的句法能力；②注重词语的价值和价量，提高学生使用词语的准确性；③区别一般句法规则和配价的特殊要求，减轻学生的学习负担；④突出词的特有语义要求，保证搭配的有理性；⑤注意必有成分和可有成分的教学，以及它们对句子结构和功能的影响。

汉语作为第二语言教学实践研究取得了丰硕的成果。教学方面，近几年的汉语作为第二语言教学研究也取得了一些成果，许多学者提出了针对不同教学阶段、不同课型进行的汉语词汇教学研究的观点和构想。如张若莹先生提出：“从中高级汉语学习的特点出发表明：进入中高级阶段的学习者，在用第二语言表示和传达信息时，往往是词汇偏差影响了他们的准确表达，而不是语法及其他。”[①] 牟世荣的《基础汉语短文阶段综合课的词语教学》和曹慧的《从留学生作文谈篇章层面的词汇教学》，这两篇基础汉语词汇教学的文章都通过教学实践总结出了一些初级阶段的词汇教学方法，特别是运用篇章语言学理论来进行探讨，有一定的新意。胡晓清的《中级汉语阶段的词语教学》对中级阶段的特点、内容进行了描述，“能否充分有效地进行词语教学是学生能否顺利度过高原期

① 孙德金．国际汉语词汇及词汇教学研究 [M]. 北京：商务印书馆．2006：105.

进入更高级的自由得体地运用汉语阶段的关键所在”，[①] 并提出了几个教学策略。张捷鸿《国际汉语高级阶段的词汇教学》主要介绍了高级语言阶段如何进行教学的几种做法，有“围绕重点词汇，丰富扩展词汇”“抓住词义辨析，引导熟练应运”“剖析文化蕴含，丰富词义表达”等。

我们采用的研究方法主要包括：

第一，文献分析法。通过互联网搜索所研究课题，收集国内外研究现状和成果，并查阅大量教育学、心理学、跨文化交际、二语习得的书籍。

第二，计量统计法。利用课堂教学实践，收集了大量学生在课堂练习、家庭作业以及考卷中的错误语料，并利用中外语言对比分析，对学生所犯的词汇偏误进行了归类和分析。

第三，基于偏误语料库的习得研究。借助北京语言大学的“HSK 动态作文语料库（2.0 版）”对中高级班留学生的偏误进行统计分析。

第四，问卷调查法。用问卷调查的形式，实证性的调查数据来说明目前国际汉语词汇教学及教学法的实际情况，也通过问卷调查和面谈的方法来测试亚洲学生在汉语词汇学习中对语素的认同度及语素教学法对他们识记词汇的作用。

第五，对比研究法。目前汉语作为第二语言教学词汇教学法不同的教学法研究和应用的对比；个别语言针对词汇基本特点——构词形式和语义生成的对比。

① 胡晓清. 中级汉语阶段的词语教学 [J]. 云南师范大学学报（国际汉语教学与研究版），2003,（5）: 24-28.

2

对韩国汉语学习者的词汇教学研究

2.1 韩汉词汇对比分析

本章主要通过中、韩词汇对比，包括词汇来源、同形同义、同形异义等方面，从历时和共时两个层面展开讨论。

2.1.1 汉语词汇的特点

在现代汉语三要素中，表示“能指”的词汇相对于作为语言物质外壳的语音和组词造句规律的语法来说，更新是最快的，这些复杂多变的特点使词汇成为外国学生汉语习得的拦路虎。其特点如下：

首先，语素是基本的构词形式，以单音节为主。根据语素的构成方式，汉语词汇可以分为单纯词和合成词；合成词又分为复合式合成词（词根 + 词根，如地震、果敢、蜂蜜）、重叠式合成词和附加式合成词（词根 + 词缀，如老虎、小王、桌子）。其中复合式合成词的内部语法结构与短语、句子一致。分为联合、偏正、动宾、主谓和补充五种基本格式。

其次，汉语缺乏表达词性的形态标志，而且词类和句法成分之间不是一一对应的关系。比如名词可以担任主语、宾语，甚至定语和谓语；例如：

窈窕**淑女**，君子好逑。（名词“淑女”作主语）

她打算从此以后，不当“假小子”了，当“**淑女**”。（名词“淑女”作宾语）

你看看你，坐没坐相，哪里有一点**淑女**的样子？（名词“淑女”作定语）

她很**淑女**，说起话来总是细言细语。（名词“淑女”作谓语）

除语法结构以外，汉语词汇还凝结了语音、语义、语用和文化（语体风格和色彩）等各种因素。

最后，语序和虚词是汉语表达语法的重要手段且汉语中的量词和语气词很丰富。

2.1.2 韩语词汇的特点

2.1.2.1 韩语词语来源

从词汇来源上说，韩语词可以分为固有词、外来词和汉字词，其中外来词和汉字词是从其他文字借用过来的，也称“借词”。

2.1.2.1.1 固有词

固有词是韩国所固有且用韩语来书写和表达的词汇，如：

名词：春（봄）、夏（여름）、秋（가을）、冬（겨울）、左边（왼쪽）、右边（오른쪽）、心情（분위기）、冰箱（냉장고）；

形容词：大的（큰）、小的（작은）、轻的（빛）、重的（무거운）、漂亮的（아름다운）、帅气的（잘생긴）；

动词：哭（울다）、笑（웃）、吃（먹다）、喝（마시다）、有（있다）、没有（없다）、等待（기다리다）；

固有数词：一（하나）、二（둘）、三（셋）、四（넷）、五（다섯_）……十（열）等。这一类词无论是韩国人学汉语，还是中国人学韩语，都是全新的景象，需要一一识记。

2.1.2.1.2 外来词

这些词主要借自英、美、日等国家。

在韩语前3000高频词中常见的外来词，如：咖啡（커피）、奶酪（치즈）、新闻（뉴스）、公寓（아파트）、旅店（호텔）、汽油（가솔린）、款式（스타일）、卡片（카드）、电脑（컴퓨터）、电视剧（드라마）、收音机（라디오）、照相机（카메라）、方便面（라면）、空调（에어컨）、公里（킬로미터）等。这一

类词对于有一定英语基础且正在学韩语的中国人来说是非常亲切的，因为可以直接套用，即使不懂韩语，也能通过对方蹦出的个别外来词，以英语为媒介来理解，当然如果这个韩语学习者不懂英语，那这种优势就消失了。而对于正在学汉语的韩国人来说，除非与他们交流的中国听众具备英语基础，否则他们必须老老实实地学习对应的汉语词汇，包括语音和词形。这种与发音完全无关的表意文字常令他们感到头痛。

2.1.2.1.3　汉字词

汉字词是产于中国，用韩语表音表形，但可以用韩国的汉字转写，并在汉语词汇中找得到对应关系的词语。

韩国和中国一衣带水，同属汉字文化圈。随着两国文化交流和贸易往来的日渐频繁，公元 1 世纪，汉字传入韩国，不久成为正式的官方书面语言，被称为“汉文”，从此改变朝鲜没有语言的局面。但由于汉语和当时人们口头的朝鲜语属于两个不同的语言系统，社会一度出现书面语和口语分离的状态，即“双语社会”。当时书面的朝鲜语以汉语为主，主要存在于朝廷官文和文书典籍中，还有一种叫“吏读文”，主要流传于民间百姓之口。

直到李朝末期开始，由于西方文化和日本文化的渗透，朝鲜民族为了摆脱儒家和汉学文化的束缚，开始打开国门，研修自己的文化。1443 年世宗大王召集众学士于景福宫集贤殿，创制了韩文。“训民正音”以后，韩国开始颁布各种命令弱化汉文，特别是“二战”以后，更是加强对自身文化的保护，抵御外来文明的侵袭。至此，韩文开始成为主要的书写交流工具。

但随着韩文自身局限性的暴露（比如모자，既表“帽子”，在有些场合又表“母子”，需要用汉字标注）以及中韩 1992 年建立外交关系，韩政府改变了一度废除汉字的策略，在教科书中，目前仍保留了常用汉字词 1800 多个，60% 的词在读音、意义方面都和汉语词汇有着千丝万缕的联系。即使有些词汇随着历史

的演变，在两国的意义已经变得南辕北辙，它们在源头上也都是一样的。

2.1.2.2 汉字词的历史成因

汉字词根据其“产地”大致可以分为三类：借自中国、借自日本、韩国本土制造。

2.1.2.2.1 借自中国的汉字词

又称汉源汉字词，是产于中国，然后借到韩国的一类词，在汉字词中占绝大多数，从其来源又可以细分为：

文言系汉字词，比如“身体（신체）、父母（부모）、妻子（처자）、孝心（효심）、和平（평화）、百姓（백성）、立身（입신）、风俗（풍속）、家庭（가정）、农事（농사）、生命（생명）、教育（교육）”，这类词选自中国传统古代文学作品，比如《孝敬》《左传》《文选》；

白话系汉字词，如“砂糖（설탕）、自由（자유）”，主要借自中国现代白话作品和口语；

还有一类是佛教系汉字词，比如“佛陀（불타）、如来（여래）、菩萨（보살）、比丘（비구）、和尚（화상）、舍利（사리）、涅槃（열반）、圆满（원만）、智慧（지혜）、肉身（육신）、生死（생사）、苦海（고해）、众生（중생）、地狱（지옥）”，主要出自《金刚经》。

这一类词被借到韩国后，部分至今保持形同义同，无须赘述，是韩国学生汉语词汇习得的利器。而另一部分意义发生变化的汉字词却需要引起重视，在2000多年的历史长河中，这部分词汇不断被韩语词汇系统吸收，生于中国，长于韩国，其演变的进程因为受到地理环境、人文背景、国民心理特征、文化习惯的影响，导致了词汇义项的增、减，甚至转移。

2.1.2.2.2 借自日本的汉字词

借用日本的汉字词是日本对韩国在19世纪末长期武力侵占和文化渗透的结

果，涵盖了一些基本、抽象概念，比如“映画（영화）、建物（건물）、大学院（대학원）、放送局（방송국）、外制品（외제품）、会社员（회사원）、辩护士（변호사）、见习生（예비생）、右翼手（우익수）、先觉者（선각자）、飞行士（비행사）、礼拜堂（예배당）、产妇人科（산부인과）”，其中囊括了大量医学名词。

2.1.2.2.3　韩国人独创的汉字词

虽然中国和日本的汉字词占据了韩语汉字词的“半壁江山”，但是韩国人秉承其深厚的汉字素养和民族自豪感，也创造了不少固有的汉字词。这些词体现了韩国人民的思维习惯，有着鲜明的民族特色，但从造词用字上来说却仍是由汉语组成，比如四寸（사촌）、内外（내외）、通学（통학）、完治（완치）、解消（해소）、过劳（과로）、授业（수업）、不具者（불구자）。

2.1.3　韩国汉字词与相应汉语词汇对比分析

根据韩国文教部的统计资料，韩国一般大辞典收录的汉字词占 53.02%，小辞典中收录的汉字词比例为 52.47%，主要覆盖了政治、经济方面的词汇。其中，借自中国的汉源汉字词，在传入韩半岛后，从词形到词义就呈现出或静止或动态的局面。据统计，由于两国一衣带水的地缘关系和极为相似的文化背景，大部分词汇在传入韩国后保持了“原汁原味”，在新的环境中继续承担传播中国传统文化，促进两国互利互信的使命，我们称之为“同形同义词”；而少部分词语，受到新的社会意识形态的洗礼，“入乡随俗”，在词语的义项、语体风格、感情色彩甚至构词形态上呈现出“同源异流”的发展态势，我们称之为“同形异义词”和“异形同义词”。

所以一方面，我们不妨利用同形同义汉字词在词义和语音上的优势进行词汇联想式教学，减轻学生的记忆负担；另一方面，对“同形异义汉字词”从义项的扩大、缩小和转移三个方面作进一步细分。

2.1.3.1　同形同义词

这部分词语由于韩汉形态一致且发音相似，是韩国学生学习汉语的“福音”，极大减轻了学生的记忆负担，能帮助激发并维持学习的兴趣和成就感，消除学生的畏难情绪。我们以目前韩国最受欢迎的汉语教材《新攻略》基础篇、初级篇中涉及的同形同义词按词性分类，列举如下。

普通名词：茶、咖啡、茶叶、鱼香肉丝、麻婆豆腐、汤、词典、电话、图书馆、食堂、银行、商店、书店、教室、成绩、学生、学校、兄弟姐妹、医生、职员、记者、父母、今年、秘密、岁、现在、月、日、北边、西边、南边、东边、附近、技术、周末、以后、电话、交通、动物、国际

专有名词：德国、法国、韩国、中国、青岛、四川、天安门、故宫、颐和园、长城、北京语言大学、姓（比如王、张）、具文奎、西蒙、李英男、小叶、直美

动　　词：认识、努力、休息、出发、结账、旅行、出发、准备、尊敬、研究、发展

形 容 词：可爱、新鲜、伟大、亲切、贵重

数　　词：一、二、三、四、五、六、七、八、九、十、百、千、万、十万、百万、千万、（包括全套汉字数词）、半

量　　词：个、瓶、本、分、号、双、种、层、倍

副　　词：每、果然、大约

同形同义词，从词性出现的频率来说，以名词居多，意义上主要包括人的姓氏名字、地理方位名、区域机构名、自然山川名、时令节气名、食物菜肴名等，到了高级阶段还包括大量忠义孝道等相关的道德心理词汇。其次是动词、形容词、数量词以及副词。这些同形同义且发音相近的词，有助于韩国学生在

短期内培养信心和兴趣，提升词汇量。

2.1.3.2 同形异义词

在学生了解了韩语词汇中存在大量的同形同义汉字词后，他们很容易以偏概全，过度类推，用韩语中的汉字词意义和用法去套用形式对应的汉语词汇，发生母语负迁移。

在又松大学孔子学院和商学院任课期间，收集整理了韩国学生在口头表达、书面作业和考试中的错误语料。为了更好地了解学生的犯错机制，即为什么会输出这样的句子，课后，请出错学生将自己所说的句子还原成他们的母语。在对画线词语的韩汉义项进行逐一对比后，按照偏误类型和原因对错误语料进行了逐一归类。

在这里，我们借助数学中集合的概念来表达，令 X 代表韩语汉字词，Y 代表对应的汉语词语，根据词形和意义上的出入，可以归纳出 4 种关系。

2.1.3.2.1 韩广汉狭（Y∈X）

韩义范畴较大，即韩国汉字词和对应的汉语词在有些义项上是共通的，但除此以外，汉字词词义所涵盖的外延（适用范围）和内涵的界面较对应的汉语词大。学生从母语思维出发，用这类词去表达汉语中没有的那部分义项时，就会造成偏误，造出下面这些让中国人觉得表达有问题的例句，表 2-1 中打 * 号错句语料引自又松大学孔子学院和 Solbridge 国际商学院汉语 Chinese intermediate2、advanced1 班级学生的课堂发言和课后练习。（这里暂不讨论学生的语法错误）

表 2-1

韩语汉字词	对应汉语词	共同义项	韩语特有义项
인간	人间	人世间	①人类 ②人际关系 ③对不合自己口味的人的不客气称呼 * 他的人间关系不好。 그는 인간관계가 좋지 않다

续表

韩语汉字词	对应汉语词	共同义项	韩语特有义项
인물	人物	①具有代表性或突出特点的人；②文学和艺术作品中描述的人	人的长相 * 虽然他的人物丑，但是他（对我）很好。 비록 그의 인물이 나쁘지만，그는 나에게 잘해준다．
시간	时间	泛指时间	时间单位 * 从这里到首尔坐 KTX 三个时间。 여기서부터 서울까지 KTX 를 타면 3 시간이다．
식당	食堂	单位内部集体吃饭的地方	饭馆、餐厅 * 昨天我的生日，我和家族吃饭在食堂。 어제 나의 생일에，나는 가족과 식당에서 밥을 먹었다．
독신	独身	没有配偶的人	没有兄弟姐妹的人 * 我没有同生，我独身。 나는 동생이 없어요，나는 독신이예요．
내외	内外	内部和外部	夫妻 * 金老师内外关系很好。 김선생님내외의 관계가 아주 좋아요．
외면	外面	方位名词	感到不高兴而故意忽视不理对方 * 我进去的时候，他外面我，我生气。 내가 들어갔을때，그가 나를 외면해서 나는 화가 났다．
채용	采用	认为合适而使用	招聘录取 * 三星公司采用他了。 삼성에서 그를 채용했다．
격식	格式	一定的规格样式	正式 * 在韩国参加婚礼，要穿格式的衣服。 한국에서 결혼식에 참석할때는，격식있는 옷을 입어야 한다．
내복	内服	把药吃下去（区别于外敷）	穿在里面的衣服，如秋衣、秋裤 * 冬天来了，妈妈给我买了内服。 겨울이 오자，엄마는 나에게 내복을 사줬다．
주택	住宅	指规模较大的住房（比如住宅区，与商业区相对）	公寓以外的房子，一般是单独 2~3 层楼房 * 我住住宅，不是公寓。 나는 주택에 살지，아파트에 살지 않는다．
정보	情报	机密性的消息、报告	包括一般性的信息、资料 * 我又松情报大学毕业了。 나는 우송정보대학을 졸업했다．
계단	阶段	事物发展过程中的段落	楼梯、台阶 * 今天晚上活动阶段教室。 오늘 저녁행사가 계단교실에서 진행 됩니다．

续表

韩语汉字词	对应汉语词	共同义项	韩语特有义项
시험	试验	为了察看某事的结果或事物的性能而从事某种活动	考试、测验 * **试验终于结束了，我要睡觉。** 시험이 끝났다，나는 자고 싶어요.
문자	文字	记录文字的符号	短信 * **老师没有收到我发的文字吗？昨天我不来，身体疼。** 선생님 제가 보낸 문자 못보셨어요？어제저는 아파서 못왔어요.
퇴직	退职	辞职	退休 * **爸爸妈妈退职来年。** 엄마아빠는 내년에 퇴직합니다.
자기	自己	自身、本身 例：见到新同学，要介绍自己。	亲爱的 * **自己，你在做什么？** 자기야，당신 이 뭐 해 요? 자기对韩国学生来说表示亲爱的，但又有自己的意思，在翻译练习时常会迟疑。
발표	发表	将想法、观点或研究通过电视、报纸、书刊等媒体公之于众 例：发表声明。	还指成绩 * **我的 HSK 成绩还没发表，我很着急。** 제 HSK 성적이 아직 나오지 않아서 저는 매우 긴장됩니다.
조직	组织	①单位、集体 ②安排分散的人或事使具有系统性或整体性 ③纺织品经纬沙线的结构	常指黑帮 * **他被组织打死了。** 그는 조직에게 맞아 죽었다.
선배	前辈	泛指行辈在先的资历高的人	学长、学姐 * **朴有天是曹珍珠老师的前辈，真的吗？** 박유천이 조진주 선생님의 선배라는데，정말입니까？
후배	后辈	①后代子孙 ②同行中年轻或资历浅的人	学弟、学妹 * **这些书送给后辈吧。** 이런 책들은 후배에게 주자.

这一类词语所造成的偏误往往出现在学生口头和笔头输出的过程中，教师在备课时应预设到学生的难点和易错点，提前对这类韩广汉狭汉字词进行全面归纳，引导学生进行专项词汇练习，比如组词造句、口语会话、语篇转述。学生通过反复犯错，查字典纠错后，会对两种语言的差异性特征有更深刻的认识。

2.1.3.2.2　汉广韩狭（X∈Y）

这一类词语和前面的情况刚好相反，对应的汉语词所涵盖的内涵和外延较韩国汉字词大，因此，这类词给学生造成的难点出现在输入阶段，而非输出阶段。这部分词语对学生来说，就像“最熟悉的陌生人”。因为就共同义项来说，这个词是已知的，但就汉语特有的那部分义项来说，这个词他们又是未知的，所以当这类词表示汉语特有的那部分义项时，学生理解起来常常觉得疑惑，以下例句均与汉字词有关，有的出现在课文中，有的来自我们课堂用语，学生在理解时频繁出现回避这一学习策略，或者表现出迟疑、费解，这是我在备课过程中始料未及的，故归纳总结如下表 2–2。

表 2–2

韩语汉字词	对应汉语词	共同义项	汉语特有义项
동서	东西	方位名词，东边和西边	①泛指各种具体或抽象的事物 ②特指人或动物，除指幼小的小孩外，均含有贬义，如老东西，鬼东西 **例：商店里的东西五花八门。**
번역	翻译	书面翻译或文字翻译	口头翻译。韩国人用“通译”表示口译，韩国人的번역只是表示笔头 **例：他是总理的随身翻译。**
방학	放学	学校放假	学生下课回家。但在韩国学生看来，放学的意思是学期结束，假期开始，即放假。所以他们会在课堂上问 *** 刘老师，什么时候开始放学？** 유선생님, 방학이 언제 시작되나요？
대상	对象	行动或思考时作为目标的人或事物	恋人、配偶 **例：昨天，刘姐给我介绍了一个对象。**（选自《新文化中国语》第一课《手机与生活》）
황색	黄色	黄的颜色	含有色情的东西 **例：黄色笑话、网络用语“很黄很暴力”。** 学生对此很费解。
의사	意思	意见、愿望	①语言文字的意义，内容②指礼品所代表的心意③某种趋势或苗头④情趣、趣味 **例：这个句子是什么意思？**
출입	出入	出去和进来	数目、内容等不一致 **例：这个账单和实际情况有出入。**

续表

韩语汉字词	对应汉语词	共同义项	汉语特有义项
전경	前景	图书、舞台、银幕、看上去离观看者最近的景物	将要出现的景象 例：国际汉语专业前景很好。
교장	校长	小学、初中、高中的校长	例：甘老师是又松大学的副校长。 注：韩语里大学校长，叫“총장（总长）”
대가	大家	某一方面的专家 例：我妈妈是做韩服的大家。	人称代词，指所有的人 例：大家都到了吗？
선생	先生	老师	①对成年男子的尊敬的称呼 ②对德高望重的女士的称呼 例：李先生，你的职业是什么？ 注：学生认为称呼“李先生”已经明示了其职业，故对又问一次表示不解。
보관	保管	对物品的保藏和管理	完全有把握、担保 例：只要你好好学，保管能过 HSK5 级。
보험	保险	指一般的各种伤害保险	①稳妥可靠②担保 例：你照我的话去做，保险没问题。
고사	故事	很早以前发生的事情	文艺作品中的情节 例：《白鹿原》这本书的故事是真的。
작업	作业	有计划的劳动和工作	老师布置的课外练习 韩国人说家庭作业，用的是“숙제（宿题）” 例：今天学校的家庭作业多吗？
의견	意见	（对人、对事）认为不对而产生不满的想法	对事情的一定看法或想法 例：他的意见是同意。
고조	高潮	比喻事物高度发展的阶段	小说、戏剧、电影情节矛盾发展的顶点，韩国用“绝顶”表示 例：你就直接唱这首歌的高潮部分吧。
화원	花园	花圃园林	现在也指高档楼盘。 例：我家住在成都花园。
단위	单位	长度、重量等标准	职业、部门 例：他爱人单位很好，在中石油。
지방	地方	某一区域，省会城市或直辖市以外	空间的一部分 例：我家不大，放一张床、一张书桌、一个衣柜就没有别的地方了。
공작	工作	为达到某种目的而做的前期准备和规划	职业、从事体力或脑力劳动或运行 例：机房里，30 台电脑正在同时工作。
과거	过去	已经逝去的时间	婉辞“死” 例：他的爷爷昨天半夜过去了。

续表

韩语汉字词	对应汉语词	共同义项	汉语特有义项
안정	多少	没有喧闹，静谧	稍微 例：她结婚，你还是多少要表示一下。
안심	安心	放心	存心、居心 例：你这是安心叫我醉啊！
하류	下流	卑鄙的、底层的	河流的下游 例：我家在长江下流。
예배	礼拜	做礼拜	周 例：这个礼拜我休息。
안색	颜色	色彩	厉害 例：他等着，我一定给他点颜色看看。
행동	行动	举动	为达到某种目的而进行的活动 例：这次行动要绝对保密！
실수	失手	失礼、失言；失误、失利	因为手的动作不小心而损害某物或者伤害到某人 例：爸爸很生气，失手打了儿子。
솜씨	手艺	手工业技艺	也指其他技术 例：这个面点师傅手艺很好。

2.1.3.2.3　韩汉义项有交集（X 和 Y 有交集）

韩国汉字词和对应的汉语词汇在形式上仍然一致，但在词语的内涵和外延上出现交集，即有同有异。同韩广汉狭（第 1 种情况），在韩语特有的义项中，我给出的例句是学生作业中筛选出的错误语料，通过这种对比分析，我们很容易明白学生为什么会造出表 2-3 中奇怪的句子（加注 * 号），母语在这类词中对学习者造成的负迁移不可小觑。同理，同汉广韩狭（第 2 种情况），对于汉字词对应的汉语词所独具的那部分义项，学生在输入时容易迷惑，是学生学习的难点，老师要着重讲解，辅以例句、语境并反复操练。

表 2-3

韩语汉字词	对应汉语词	共同义项	韩语特有义项	汉语特有义项
기관	机关	组织 例：教育机关	机器 * 蒸汽机关 증기 기관	陷阱 例：这里的机关很多，要小心。

续表

韩语汉字词	对应汉语词	共同义项	韩语特有义项	汉语特有义项
문장	文章	篇幅不很长的单篇作品或指作品	也指句子 * **这个文章错了。** 이 문장은 틀렸습니다.	①比喻暗含的意思 **例：他话中大有文章。** ②关于事情的做法和手段
불편	不便	不方便、不适宜	不舒服 * **这双皮鞋穿着不便。** 이 구두는 불편합니다.	缺钱用。 **例：如果你手头不便，我先替你给。**
단위	单位	计量事物的标准量的名称	指一定的学习量 * **孔子学院每周有三单位汉语课。** 공자학원은 매주 3 단위중국어 수업이 있습니다.	指机关、团体或下属的部门 **例：我每天在单位的食堂吃饭。**
조수	下手	动手，开始做	指技术、水平低的人 * **这个游戏他不会玩，是下手。** 그는 이 게임을 못합니다. 그는 하수입니다.	助手 **例：做年夜饭的时候，我给妈妈打下手。**
출생	出世	出生	飞黄腾达，成功，有出息 * **我想出世。** 나는 출세하고 싶다.	①产生 ②高出人世 **例：孙悟空从五指山下横空出世。**
초반	出头	用在整数后，表示有零头	出面 * **老师我想看期末试卷，请你出头帮忙。** 선생님께서 제가 기말 시험지를 볼 수 있게 도와주세요.	①从困境中解脱②出人头地 **例：他家境贫寒，所以深深地知道只有好好学习，才有出头之日。**

2.1.3.2.4 韩汉义项完全无关（X 和 Y 没有任何交集）

韩国汉字词与中国汉语词的各个义项以及它们之间所涵盖的外延没有任何关联。由于这些对应的汉语词词义完全改头换面了，所以学生在学习时，必须完全摒弃掉母语中对这个词先入为主的概念意义，像接受新词一样重新学习，同样会出现表 2–4 中的输出错误（加注 * 号的句子）。

表 2–4

韩语汉字词	韩语义项	对应汉语词	汉语义项
가요	流行歌曲 * **最近 PSY 的歌谣 *Gangnam style* 很有名。** 요즘 가요계에서는 싸이의 강남스타일이 유행이다	歌谣	指名歌、民谣、儿歌 **例：儿童歌谣。**

续表

韩语汉字词	韩语义项	对应汉语词	汉语义项
강구	谋划、谋求 * **老师给我讲究这个问题。** 선생님은 나에게 이 문제를 강구했다.	讲究	①讲求、重视 **例：他一贯讲究实事求是。** ②精美 **例：她把房间布置得很讲究。**
가관	可笑、可看，令人嗤之以鼻 * **他逃跑的样子很可观。** 그가 도망가는 모습은 아주 가관이었다.	可观	①值得看②达到很高的程度、水平③优美好看 **例：他的收入很可观。** **例：这个小孩聪明伶俐，仪容可观。**
고소	提起诉讼 * **我告诉了那个骗子。** 나는 그 사기꾼을 고소했다.	告诉	向别人陈述，通知某人使其知道 **例：这是秘密，不能告诉你。**
실장	一个部门的负责人，属于比较大的领导 * **我的爸爸是（外语研究室）室长。** 제 아버지께서는 (외국어 연구실) 실장이세요.	室长	寝室负责人 **例：毕业后不久，我们室长就结婚了。**
총장	大学校长 * **她今年当了我们学校的副总长。** 그는 올해에 우리학교의 부총장이 되었다.	总长	北洋军阀时期中央各部部长被称为总长，但随着政体和职务的调整，这个词已经消亡了
애인	男朋友或女朋友称呼对方 * **这是我的爱人，我们准备来年结婚。** 이 사람은 제 애인입니다. 저희는 내년에 결혼할 생각입니다. 中国人听了觉得不可思议，因为爱人常常指已婚后妻子或丈夫一方对另一方的称呼，既然已经是爱人了，怎么会第二年才准备结婚呢？	爱人	妻子或丈夫称呼对方 **例：这是我的爱人，我们去年结的婚。**
총각	20 多岁的未婚男士 * **我爸爸总角时候，去过中国。** 아버지께서 총각 이실 때 중국에 가셨다.	总角	八九岁到十三四岁的少年，也指童年时期
만두	饺子类带馅的面食 * **我要馒头。** 만두를 주세요. （在中国的韩国留学生去食堂买包子，但由于만두发音酷似“馒头”，因此常吃到食堂师傅给的馒头）	馒头	不带馅的蒸制面食。 **例：我不喜欢吃馒头，因为我是肉食动物。** 韩国学生觉得不能理解，在他们看来馒头是만두，是饺子包子一类的东西，内有肉馅。
공부	学习 * **我不想功夫一下。** 나는 공부하기가 싫습니다.	功夫	时间或精力 **例：我没工夫和你在这儿聊天，我要上课了。**

续表

韩语汉字词	韩语义项	对应汉语词	汉语义项
기차	火车 * **从北京到四川坐汽车要 20 个时间。** 북경부터 사천까지 기차로 20 시간이 걸립니다. 韩国学生的火车"기차"的发音酷似"汽车"	汽车	以可燃气体或自身装备为驱动力的车辆。一般具有四个轮子 **例：汽车没有火车快。**
병고	因为生病的缘故 * **我病故，所以不来学校昨天。** 제가 병고해서 어제 학교에 오지 못했습니다.	病故	因为生病而去世。 **例：他昨日于京病故，享年 99 岁。**
고년	女子超过了结婚年龄 * **现在韩国很多女生过年，她们觉得事业重要。** 지금 한국의 많은 고년여성들은 사업이 중요하다는 생각을 갖고 있어요.	过年	过春节 **例：你们过年过得怎么样?**
유권자	拥有选举权的人，即选民 * 문재인**输了，可能因为支持他的有权者很多年轻人，不能早起床。** 문재인이 진 이유는 그를 지지하는 젊은 유권자들이 아침일찍 일어나지 않아서이다.	有权者	手握权力的人，即领导 **例：有钱有权者仍然只是少数，你还是踏踏实实，不要整天做白日梦了。**
고등학교	高中 * **我女儿是大田高等学校学生，她要高考了，今天不来上课。** 제 딸은 대전고등학교의 학생이고 오늘 수능이라서 수업에 오지 못합니다. 注：这一对母女是孔院晚班的学生	高等学校	大学
인사	打招呼，问候 * **我们班早上用汉语人事。** 우리반은 아침에 중국어로 인사한다. 注：早上 7 点到 8 点的教授班学生常用汉语打招呼。	人事	主要表示对工作人员的管理工作，运用于人际交往 **例：人事方面的工作很复杂。**
신문	报纸 * **每天早上 8 点他来爷爷家送新闻。** 그는 매일 아침 8 시에 할아버지 댁에 신문을 가져온다.	新闻	用于报道时事、传播信息的文体 **例：今天的新闻你听说了吗?**
단결	团结、集结、集中 * **我们班的结束力很强。** 우리반은 단결력이 강하다.	结束	完结 **例：今天的课到此结束。**

续表

韩语汉字词	韩语义项	对应汉语词	汉语义项
유념	留心、注意、留神 * **你要留念老师的话。** 너는 선생님의 말씀을 유념해야 한다.	留念	①不愿意离开或舍弃②对往日、往事的怀念 **例：我留念大学的日子。**
교대	轮流、换班 * **每周星期六我们交代上班。** 우리는 매주 토요일에 교대 근무를 한다.	交代	①叮嘱②坦白 **例：他已经交代了自己的错误行为。**
조심	小心 * **过马路时，要操心。** 횡단보도를 건널때는 조심해야 한다.	操心	费心，与省心相对 **例：崔希现，你是一个不让爸爸妈妈操心的孩子吗？**
소심	小气，不大方，不大度。 * **这个人很小心。** 이사람은 너무 소심하다.	小心	谨慎认真 **例：下课了，同学们路上小心。** 孔院课每晚9点结束，我说路上小心时，刚进入终极班的学生不能理解。
방심	不细心，粗心 * **因为放心，所以钱包被偷了。** 방심했기 때문에 지갑을 잃어버렸다.	放心	安心，不担心 **例：你们放心吧，期末考试不难。**
약속	泛指一般人约定见面 * **今天我有一个约束。** 저는 오늘 약속이 있습니다.	约束	束缚、限制 **例：我讨厌被爸爸妈妈约束，所以我出来读书，工作。**
검토	仔细检查，发现错误 * **考试的时候，我很多次检讨才交卷。** 시험을 볼때는 문제를 잘 검토해야 한다.	检讨	本义是总结分析，现指找出缺点和错误并做自我批评 **例：迟到的同学好好检讨一下。**
점심	午饭 * **你吃点心了吗？** 점심 먹었어요？	点心	糕点之类的食品 **例："稻香村"是北京最有名的点心，又便宜又好吃。**
강의	课 * **刘老师的讲义很好。** 유선생님의 강의는 아주 좋습니다.	讲义	对文章（课本）内容所撰写的总体概要含义 **例：这是这学期的讲义，同学们复习需要的话，可以找我复印。**
화장실	厕所 * **化妆室在哪里？** 화장실이 어디에 있나요？	化妆室	现常说化妆间 **例：《非诚勿扰》这个节目，为嘉宾准备的化妆室越来越大。**
학원	补习班 * **又松孔子学院（汉语补习班）** 우송공자학 在中国人眼中，学院可比补习班准入门槛高多了，需要经过专门的选拔和考试。	学院	大学里按照专业类别划分的学习机构，比如电工、生科、政教学院 **例：我毕业于四川大学文学与新闻学院。**

续表

韩语汉字词	韩语义项	对应汉语词	汉语义项
대학원	研究生院 * **我想去又松大学院，又学习。** 나는 우송대학원에서 다시 공부하고 싶다. 这个学生已经大学毕业了，想读研究生，但是当初交流的时候，我不太明白。	大学院	以前有中华民国大学院，现在这个说法已不常见了，由学院或者大学代替了
대학	专科或职业学校 * **又松大学** 우송대학	大学	高等学校 **例：四川大学是中国著名的 211 大学。**
약수	在山里开采的井中挖出的天然泉水，矿泉水 * **我很渴，想喝药水。** 나는 목이 말라서 약수를 마시고 싶다.	药水	医学上指液态的药 **例：珍珠明目液是一种保健药水。**
동생	弟弟、妹妹 * **我没有同生，我是独身。** 저는 동생이 없어요. 저는 외동이에요.	同生	①谓同父所生，因指兄弟②同年出生③一起活着 **例：我们是同生共死的好兄弟。**
열심	努力 * **他学习热心。** 그는 열심히 공부합니다.	热心	热忱，热情，爱帮助人 **例：雷锋总是热心帮助别人。**
암산	心算 * **他暗算很好。** 그는 암산을 잘한다.	暗算	暗地里陷害他人，甚至暗地杀害 **例：他遭人暗算，生意失败了。**
오기	类似于逆反、好胜的心理 * **妈妈不想让我去中国留学，我生了傲气，更想去了。** 어머니가 저에게 중국에 가지 말라고 하셔서 저는 오히려 오기가 생겼습니다.	傲气	骄傲的神态和作风
결실	结果 * **我们的努力终于得到了结实。** 우리의 노력을 통해 결실를 나왔다.	结实	①形容东西质量好 ②形容人长得壮 **例：这个包包很结实。**
간병	看护病人 * **我妈妈看病。** 제 어머님은 간병합다.	看病	去医院检查身体，看医生 **例：你不要撑，抓紧时间去看病。**
경영	办公室一般的工作人员，地位并不是很高。 * **我的哥哥是经理，钱不多。** 제오빠는 경영이여서 돈이 없다.	经理	公司的日常经营管理和行政事务的负责人 **例：我的爷爷退休前是燃料公司的经理。**

续表

韩语汉字词	韩语义项	对应汉语词	汉语义项
당면	面临 * 我现在当面的问题是期末考试。 저는 지금 당면의 문제는 기말고사입니다.	当面	面对面 例：这个问题，你必须当面交代清楚。
관문	关卡、障碍 * 这是最后的关门，过了就可以得第一。 이는 마지막 관문이여서 건너서 첫번째 얻을 수 있습니다.	关门	把门关上，和开门相对 例：进出请随手关门。
실업	失去职业 * 他因为失职了，所以没有钱。 그는실업이여서 돈이 없습니다.	失职	玩忽职守，未尽责任 例：被盗车中的婴儿被坏人掐死了，这也有父母的失职。
교수	大学所有的老师都可以称呼教授 * 教授，外国人登陆证一个月需要。 교수의 외국인 등록증이 만드면 한달에 필요한다. 注：当我在学校出入被称呼为教授时感到很奇怪。	教授	高等教育机构的教师的最高级学衔 例：在中国，只有博士才可能当教授。
설복	说服 * 妈妈不想让我去中国留学，我说得了她。 어마는 저한테 중국에 가지말고 싶은데 저는 실복할 수 있다.	说得	只在口语中出现，表示可以说 例：这个事情在这里说得吗?
산술	数学 * 我弟弟算数很好。 제 남동생의 산술이 너무 좋다.	算数	①承认有效。说话算数②结束为止 尽量吃，吃完算数。 例：老板，你可不能说话不算数哟! （选自《新攻略》会话篇第8课《娱乐休闲》）
동문	校友 * 朴有天也是大田人，我们是同门。 박유천은 대전 사람이고 제 동문이다.	同门	同师受业的人彼此称同门 例：她是我的同门师姐。
사제	师生关系 * 我们是师弟关系。 우리는 사제 관계이다.	师弟	同门中的男性晚辈 例：我们是师兄师弟的关系。
학장	院长 * 甘老师是孔子学院的学长。 감선생님은 공자학원의 학장입니다.	学长	同门师兄 例：你们应该多和学长学姐交流。
형성	建造 * 政府打算在这里造成公园。 정부는 여기 공원을 형성하고 싶었다.	造成	招致或引起（常接不好的结果） 例：工业排污造成空气质量严重下降。

续表

韩语汉字词	韩语义项	对应汉语词	汉语义项
세수	洗脸 * **我每天早上先洗手，然后吃早饭。** 저는 매일 아침에 먼저 세수해서 밥을 먹었다 .	洗手	用水冲手使清洁，现常说洗手间代替厕所 **例：饭前饭后要记得洗手。**
과자	零食 * **我很喜欢吃馃子。** 저는 과자 먹기를 좋아했다 .	馃子	果实，在河南、安徽一带的方言中也表示花生、油条、点心等 **例：我们过早有时吃馃子。**
채소	蔬菜 * **我每天只吃野菜，不吃肉，因为我要减肥。** 저는 매일 채소만 먹었고 꼬기를 안먹어서 살이 빼고 싶으니까요 .	野菜	非人工种植的蔬菜 **例：我不喜欢吃野菜，担心有毒。**
근심	放纵之心 * **人有散心，不能成功。** 사람이 근심이 있으면 성공이 못 한다 .	散心	排出烦闷，使心情舒畅 **例：春节我想去济州岛散心。**
정도	表示限度、约数，相当于“左右” * **他看上去二十程度。** 그는 스물살 정도 보인다 .	程度	指道德、知识、技能所达到的标准 **例：金敏呈的汉语程度很高，不适合在初级班。**
사태	事件 * **这次事态你要快点解决。** 이 사태 빠르게 해결주십시요 .	事态	事情的状况和态势 **例：目前钓鱼岛事件事态严重，中日关系紧张。**
검거	逮捕 * **警察检举了很多游行的人。** 경찰이 많이 사랑이 검거한다 .	检举	向有关部门揭发违法犯罪行为，类似举报 **例：他检举了同学的作弊行为。**
검열	稽查、检查 * **下周汉办领导要来孔子学院检阅。** 다음 주 한반 지도자는 공자학원 올고 검열할 겁니다 .	检阅	高级首长在军队或群众面前举行检验仪式 **例：李明博总统检阅韩国军队。**
절정	猖獗 * **首尔小偷极盛，不能放心。** 서울에 도독놈이 절정해서 안심 못한다 .	极盛	非常盛大。现代汉语不常用 **例：最近疫情极盛，大家小心为好。**
합동	共同 * **我们合同做生意，怎么样?** 우리는 합동으로 장산을 하면 언때 ?	合同	当事人或当事双方间设立、变更、终止民事关系的协议，即契约 **例：甲乙双方签订了一年的合同。**
노파	年老的妇女 * **那位老婆看起来不太好。** 그 노파는 보여서 안 좋다 .	老婆	妻子 **例：我老婆是我大学同学。**

2.1.3.3　同义异形词

同义异形词是词的形态不同（比如用字不同，顺序不同或者字数不同）但词的所指一致，概念重合的一类词，具体可以分为三类：同义逆序汉字词、同义部分异形汉字词和同义完全异形汉字词。

2.1.3.3.1　同义逆序汉字词

由于构词语素的顺序有变化，韩国学生在表达时，容易“借用”韩语中的说法影响表达的准确性，但如果交谈双方对这类中韩逆序词的知识稍有了解，提前做一个储备，一方面说话人就会有意识地去避免，另一方面也不至于影响听话者对信息的接受。同时，在教学中，这一部分教师在归类说明后，就可以从简从略了，学生在表达时只需多留心，将词序倒过来，就可以有效避免偏误发生，见表 2–5。

表 2–5

韩语汉字词	对应的汉语词	汉语翻译
고통	苦痛	痛苦
약혼	约婚	婚约
소개	绍介	介绍
위안	慰安	安慰
호칭	呼称	称呼
평화	平和	和平
영광	荣光	光荣
한계	限界	界限
희비	喜悲	悲喜
시설	施设	设施
운명	运命	命运
포옹	抱拥	拥抱
제한	制限	限制
절박	切迫	迫切
위패	位牌	牌位

续表

韩语汉字词	对应的汉语词	汉语翻译
기풍	气风	风气
노쇠	老衰	衰老
운반	运搬	搬运
유인	诱引	引诱
암흑	暗黑	黑暗
건포도	干葡萄	葡萄干
전도체	电导体	导电体
정정당당	正正堂堂	堂堂正正
자주 독립	自主独立	独立自主

2.1.3.3.2　同义部分异形汉字词（表 2–6）

表 2–6

韩语汉字词	对应的汉语词	汉语翻译
감기	感气	感冒
약혼	野球	棒球
소개	水泳	游泳
위안	午前	上午
출장	出张	出差
주최	主催	主办
변호사	辩护士	律师
주차장	驻车场	停车场
무도회	舞蹈会	舞会
여행자	旅行者	旅客
병원	病院	医院
입원	入院	住院
퇴원	退院	出院

2.1.3.3.3　同义完全异形汉字词

这部分汉字词多为韩国人利用构词语素，结合自己的音韵系统自创而成，它们与对应的汉语词汇在意义表达上所指一致，但构词形态却完全不一样了。见表 2–7。

表 2-7

韩语汉字词	对应的汉语词	汉语翻译
적체	解消	消除
수업	授业	上课
영화	映画	电影
장갑	掌甲	手套
사촌	四寸	表兄弟
내외	内外	夫妇
제거	解消	消除
통학	通学	走读
불구자	不具者	残疾人
완 치	完治	完全治好
과로	过劳	过度疲劳

这一类词是韩国学生造句时特别容易出错的地方，他们常常直接套用韩国汉字词来表示汉语词汇，比如：

＊这种药水帮忙你解消劳累。

（이 약수는 피곤을 제거 하게된다 .）

＊因为家很远，我不通学，我住宿。

（집이 멀어서 통학 안해서 기숙사에서 살았다 .）

＊爷爷病得重，医生往诊爷爷家。

（할아버지는 병이 심해서 의사는 왕진한다 .）

＊不具者通道。

（불구자 통도입니다 .）

＊医生帮忙，所以爷爷的病完治了。

（의사의 도움때문에 할아버지는 완치입니다 .）

＊虽然要考试了，你不要太过劳，多休息。

（시험이 있어도 과로 하지말도 많이 쉬어세요 .）

2.2 韩国学生中介语现象及偏误成因

2.2.1 韩国学生汉语词汇习得的中介语现象

严格来说，没有任何两种语言具有一一对应的关系。虽然韩语中留存了大量的汉字词，但中国和韩国毕竟国情不同、文化有别，随着时代的演进，被借的部分汉字词随着社会生活的推进开始向着不同的方向发展，在词的引申和比喻意义上，产生了差异，如词义的扩大、缩小或者转移，如果不事先对韩国学生加以说明反复操练，就会导致以上种种偏误。结合 Sharwood Smith 在《跨语言的影响》[①]（*Cross Linguistics Influence*）一书中提到的观点，分析韩国学生汉语词汇习得过程中的中介语现象，具体包括：

借用（borrowing），比如借用母语的说法，而不顾及词汇的内涵和外延是否与目的语吻合。造出“我和家族吃饭在食堂”（家人，餐馆），“从大田到首尔坐 KTX 要一时间”（一个小时），“这位是我先辈”（师兄）这样的句子。

替换（code-switching），主要表现在韩国学生利用汉语语素自己造词。比如我问“她是韩国人，你呢”，学生往往回答“我也”或者“我也韩国人”，后面一个偏误是语法问题，前面一个可能是学生受到英语和母语的影响，认为“我也”，类似于“Me，too”“나도”。学习了趋向动词“来、去”后，学生往往会造句“今天妈妈生日，我要快去家”（快点儿，回家）。

过度泛化（overgeneralization），这个问题主要表现在词语搭配上，比如把

① 1986 年 Sharwood Smith 提出“跨语言的影响”，认为不一定只有 L1 对 L2 有影响，有时 L3 也会对 L2 产生一定的影响。

不及物动词泛化为及物动词带宾语是学生最容易出错的地方，造出“老师，明天 Solbridge 见面你”“你能帮忙我吗？”或者把“三个小时”“一个月”这种数量词搭配类推到“天”和“年”等时间单位上，造出句子“我要去四川大学两个年”（两年）。

此外，还有扩散（diffusion）和化石化（fossilization）现象，前者表现为学生对某个知识点的掌握，时而正确时而错误，反映出对目的语掌握得不准确和不熟练性。比如对“2”放在量词前，中国人的习惯表达是读作“两”，但学生常常忘掉，稍加提醒，又能自动纠正。而后者则表现为学生对错误表达的顽固不化，这个主要表现在语音和语法的习得上，需要花很长时间去纠错，比如声调中四声的把握。

2.2.2 韩国学生汉语词汇习得的偏误成因

2.2.2.1 语义根据不同

2.2.2.1.1 韩语沿用古义与汉语产生新义词汇

在中国有些被借的汉语词的原义或者被舍弃了或者被引申义、新词替代，有的甚至完全改头换面消逝不见，然而这些词的形态或者本义却在韩国被保存了下来，现今韩国使用的汉字词，有相当部分是从中国的古汉语借词而来的，甚少变迁；这种发展的不同步，就造成了大量的信息不对称。例如：

“蹴球”又名“蹴鞠”，最早载于《史记·苏秦列传》，是春秋战国时期流行于古代中国的一项全民运动，但现在已无此说法，现代人称之为“足球”。然而这种运动原来的称谓却在韩国被保存下来，读作“축구”。

“馒头”是中国人尤其是北方人的主食，但最初它是带馅的食物，对于不带馅的则专门称为“白面馒头”或者“实心馒头”。后来随着历史的发展和民族的融合，“馒头”变成了不带馅的，而带馅的则被称为“包子”。然而在韩

国，만두仍然指称带馅的蒸制出来的面食，包括我们中国人口中的“包子”和“饺子”。又如“自己”，本来有三个意思，表示①代词。自身，本身。②自己人。③亲近，关系密切。老舍《柳屯的》：“‘趁早不必多那个事，我告诉你句好话！’他很‘自己’的说。”但在现代汉语中“自己”被舍弃的后两种义项，在韩语中予以了保留，比如韩国人就经常说“自己呀，你在做什么？”相当于“亲爱的”。还有“大夫”，古代中国原指一种官职，后在现代汉语中意思发生转移表示“医生”，而在韩国仍然保留为官职称谓。

2.2.2.1.2 汉语沿用古义与韩语产生新义词汇

这一类同形异义词，属于汉狭韩广这种情况，学生常常利用韩语思维中的这部分新义造出不符合汉语思维习惯或语法规范的句子。

例如“总角”，出自《诗经》，古时儿童束发为两结，分别向上，好似牛角，故称为“总角”，后借指童年时期。韩国语中指代的对象年龄稍大，指“青少年”。

召唤：“召”亦有“唤”义，《诗经·小雅·出车》：“召彼仆夫，谓之载矣。”在现代汉语中“召唤”表示“呼唤”“号召”；而在韩国语中则为“传讯”义，为法律用语。

“人事”：可以表示人世间的事情；人力能做到的事；人情事理。现代汉语中多用于对工作人员的聘用、培训、调动、奖惩之事。韩国语인사表示“打招呼”。

“人间”：指人类社会；人世间，与“地狱”相对。苏轼有云“人间行路难，踏地出赋租”；而韩国语则引申指“人”“人类”“人际关系”。所以学生才常常说“他人间关系不好，没有朋友”这样的句子。

“放学”：在第5版《现代汉语词典》中有两个意思，一个是中国人都熟悉的指学校里一天或半天的课业结束，学生回家；另一个出现在方言中，表示“学校放假”，比如巴金《家》二：“我们学堂上个礼拜就放假了，说是经费缺少，所以早点放学。”韩国人正是选择了这个义项，所以学生常在学期末的时候问老师“什么时候放学？”

“文章”：现代汉语主要指“独立成篇的文”；而韩国语衍生出新义“句子”，大约是由“章句”类化而来。

2.2.2.1.3 双方都发生变化但不同步词汇

例如“总长”一词，原指“北洋军阀时期中央各部部长”，但随着行政体制改革和国情变化，这个词所指代的称谓在中国已经消亡了，而借到韩国后，也用于指称别的职务“中小学校长”。

2.2.2.2 语素意义不对称

汉字词以双音节为主，主要是由两个词根构成的复合式合成词。由于每个词根语素的构词能力很强，构词语素繁多，所以同一个双音节词，在汉语和韩语中可能有一个，甚至两个语素所取的义项完全不同，造成同形异义的情况。

比如“过年”，汉语中的“过”用的是“度过”义，“年”用的是“年节”义，表示“过春节”；而韩国语中的“过”用的是“超过”义，“年”用的是“年龄”义，表示“超过了结婚的年龄”，用于指称现今流行的一个群体“大龄剩女”。

“病故”，汉语表示“因病去世”，“故”用的是“故去”义；而韩国语则表示“因为生病”，“故”用的是“缘故”义。

“看病”，汉语表示“检查病情”，“看”用的是“检查、查看”义；而韩国语中表示“看望病人”，“看”用的是“看望、照顾”义。

“暗算”，汉语表示“暗地里陷害甚至杀害别人”，“算”表示的是“算计谋害”义；而韩国语中表示“在心里默数，心算”，其中“算”取的是“计算、算数”义。

"当面"，在汉语中"面"取的是名词意义，表示"不背地里，而是在对方面前，面对面地做事或者说话"；而韩国语中表示"当身面对"，其中"面"用的是动词义项"面对"。

"内服"，在汉语中与"外敷"相对，表示用药的途径，这里的"内"表示体内，"服"表示"服用"这个动词义项；而在韩语中，"内"表示紧贴肌肤，"服"表示"衣服"这个名词义项，因此有了"内衣"的说法。

"失职"，在汉语中本来有三种意思。①失去常业；失所。《周礼·地官·大司徒》："十日以世事教能，则民不失职。"②怠忽职守；未尽职责。《左传·昭公七年》："夫物物有其官，官修其方，朝夕思之。一日失职，则死及之。"杜预注："失职有罪。"③失去职权。明王鏊《震泽长语·官制》："光武中兴，身亲庶务，事归台阁，尚书始重，而西汉公卿稍以失职矣。"但是韩语只吸纳了义项①，"职"取"职业"义，而随着历史的演进，到了现代汉语只有义项②保留至今，"职"表示"职责、职守"义。

"同生"，在汉语中也有三种意思。①谓同父所生。因以指兄弟。晋陆机《赠弟士龙》诗之五："依依同生，恩笃情结。"②同年出生。宋文彦博《奉陪伯温中散等作同甲会》诗："四人三百十二岁，况是同生丙午年。"③一起活着。欧阳山《柳暗花明》八五："咱俩生就同生，死就同死！"韩语中这个词表示弟弟妹妹，是从义项①演变而来，其中"生"表示"被……所生"，而汉语中现在保留的只有义项③而且不常用，只出现在"同生共死"这样的成语中，其中"生"表示"活着、生存"义。

2.2.2.3 构词理据不同

韩国人认为山里的井水，矿物质含量高，而且含有丰富的对人体有利的微量元素，具有药用功效，因此"药水"在韩国表示"矿泉水"，而中国仅指"液态的药剂"，比如"消毒药水""眼药水"。

再如“汽车”，汉语和韩国语都指机动车。但中国人认为汽车的定义就是“以汽油为燃料的四轮机动车”；而韩国人认为这个词应表示“以蒸汽为动力的机动车”，即火车。

“独身”，汉语表示婚恋生活无伴侣，比如现在年轻人中流行的“独身主义”；而韩国则表示家庭生活中，没有血缘之亲一起陪伴成长的兄弟姐妹，也叫“独身”，相当于中国人所说的“独生子女”。

2.2.2.4　国情差异

由于韩汉两国在政治、经济、文化、教育以及国民意识形态上的差异，有些与汉语同形的汉字词，在所指上有所出入。例如前面提到的“有权者”，在汉语中表示“当官的”，他们拥有可大可小社会生活方方面面的权力；而在韩语中只表示“拥有选举权利的人，即选民”。

“高等学校”，在中国泛指对国民进行高等教育的学校，包括普通高等学校、成人高等学校和民办高等学校，通俗地讲就是“大学”；而在韩国小学、初中和高中分别被称为初等、中等和高等学校，大学则被称为“大学院”。

再比如“学院”，汉语中指大学里面分门别类的部门，比如文学院、商学院；但是在韩语中它只指一般的补习班。而“大学院”是国内以前一些大学的名称，比如中华民国大学院，但现在已经很少见了；但在韩国却很常用，表示“研究生院，研究院”。

“化妆室”在中国也称化妆间，是化妆补妆或上台前更衣的场所；但是在韩国指的是厕所，这是因为韩国的基础设施条件比较好，大部分厕所都有供女士歇息、补妆的地方。

提起“室长”，中国孩子都不陌生，指寝室负责人，管辖范围不超过十个人，可是个吃力不讨好的小官，要负责内务卫生、出勤管理等各项任务；但在韩国这可是个比较高的职位，相当于国内的处长级别，是一个部门的主任、主管等主要负责人。相反，韩国孩子对于寝室室长这个概念相当陌生，一般的大学寝室是两人间，因此他们根本没有寝室负责人这个职位设置。

类似职位信息不对称的还有“经理”和“教授”这两个词。当我很自豪地告诉学生我的爸爸是公司经理时，学生们没有面露欣喜之色，细问才知道，在韩国“经理”根本不是什么官，就是个办公室职员。所以，学生们一定是纳闷“你爸爸都快退休了还只是个小小办事员，有什么好炫耀的？”

当我来韩第一个月去学校国际交流处取“外国人登陆证”时，工作人员称呼我为“教授”，欣喜之余，我连忙纠正她，我是老师，不是教授。随着韩语水平的提高，才知道在韩国所有大学老师都叫作“教授”，这和国内的行情是大不一样的。

还有“大学校长”这个词，韩语中是“总长”，所以曾有刚开始学汉语的韩语老师私下问我“为什么你们叫甘老师为甘校长，而不是甘总长”。

2.2.2.5　搭配习惯有别

语言单位的组合既要遵守一定的语法规则，又要符合一定的思维习惯，具有约定俗成性，一个语义场中的词语，有类聚关系，也受组合或共现关系的约束，即搭配规则。比如英语里表达下雨、刮风、下雪、抽烟厉害用“heavy/light”，而中文里用“大 / 小”表示，韩语里用“多 / 少”表示。

有些词在韩汉语言中的意义相同，但搭配习惯却不太一样，如果教师不着重加以区别，学生很可能受到母语负迁移的影响，产生偏误。比如：

①他**热情**地爱着他的爱人。

②你就**安心**吧。

③我的心情很不**安静**。

④哥哥是车**爱好**家。

⑤考试的时候，我紧张得**高潮**。

⑥每天要喝一定的牛奶。

⑦帮我复制这本书。

⑧我对他有不好的感情。

⑨这里是又松教养馆，有日语、英语和汉语教养中心。

⑩我想多交流中国朋友。

①中“热情”汉语一般用作形容词，比如“乐天百货的服务员态度都很热情”。有时也用作副词，但也是用于形容行为者的态度和感情，比如“校长热情地接待了我们”。如果要形容爱的程度很深，爱得很用力，应用“热烈”，改句①为“我对学习汉语很有热情”。

②中“安心”这个词表示不担心这个意思时，我们用“放心”，而“放心”这个词在韩语中又是不小心的意思，所以学生常误用“安心”来代替“放心”。

③中“安静”这个词一般用来形容环境不吵闹，形容人内心世界平和，应该用“平静”。

④中“爱好”这个词在汉语中可用作名词或者动词，如“我哥哥的爱好是车”“我哥哥爱好车”。可是韩语中，“爱好家”是一个词，常常作为一个整体出现。

⑤中“高潮”在汉语中是个名词，所以不能用作状态补语。

⑥中“一定”在汉语中是副词，常用来修饰动词或形容词，表达说话者的肯定语气。这里应该为“一定量的牛奶”。

⑦中“复制”书这个义项，我们一般用“复印”来搭配。

⑧中学生说这句话是用来表达她对那个男生的印象不好，评价很差，那么我们用“感觉”或者“印象”来表达。

⑨“教养”一般汉语中用作名词或形容词。比如“这个孩子的教养很

好”“这个孩子很有教养”，但韩语中“教养馆”“教养中心”常常是一起出现的。

⑩“交流”是个不及物动词，只能说“和……交流”，类似不及物动词带宾语的问题学生常常犯错，比如“你帮忙我学汉语可以吗？”

2.2.2.6 词性差异

由于汉语是缺乏词形变化的语言，不存在像英语那样丰富的词形变化（动词ed过去式、ing进行式等），也没有像韩语那样典型的形态标志（名词后加하다变为动词，加하상变为副词）。所以词性的转换相比有形态标志和变换的语言更为容易但不易识别。韩语中，有一部分汉源汉字词虽然意思上与对应的汉语词出入不大，但在本身词性的对待上却成了学生频频出错的根源。以下是学生作业中收集的偏误语料：

①男朋友对她没有**关心**，她很生气。

②学生如果心里有**担心**，来找我们，我们让学生放心。

③我要回韩国了，和朋友们一起照了**照相**。

④我学习了两年在四川大学，我**经验**了很多事。

⑤妈妈给了我**永远**的爱。

在韩语中“关心”是名词，所以一般和“有（있다）/ 没有（없다）”这类表示存在的动词搭配，所以学生以母语中的搭配习惯直接套用，造出了句①。而“关心”在汉语中是动词，除了直接接宾语外，还常出现在固定介词搭配中“对……很关心 / 对……不关心”，教师应加以说明，并扩展到同义的近义搭配“对……有兴趣 / 对……没有兴趣”。

句②是孔子学院一位学生（又松大学计算机系赵教授）说出的句子，他告诉我今年很忙，多了一个职务——学生服务处处长，这个机构也帮助学生解决心理问题。但是“担心”在汉语中是动词，在此被误用为名词。

句③中，“照相”在韩国学生眼中是名词，而在汉语中是动词，教师应该以语素教学法将“照相”这个词分词根讲解，如果了解了“照”是摄影、拍摄的动作意义，而“相”才是“相片”意义后，学生就不会混淆了。

句④中，韩国学生之所以犯这样的错误，是因为他们混淆了近义词“经验”和“经历”，“经验”在汉语中是名词，不可能做动词谓语后面还接宾语。所以此处应换作“经历”。

句⑤中，“永远”在汉语中常作副词，应换作近义的形容词“永恒”。

因此教师在讲解过程中，要着重区分词性有变化的汉字词，以免学生不当类推，造成偏误。

还有一些词语在韩国语里的词性很单一，在汉语里却身兼数职，比如韩语里只能用作名词，汉语里却形容词化了，但从词的形态上学生无法辨识，故疑惑不解。比如：

①吃食堂比在家做饭更**经济**。（用较少的人力、物力、时间获得较大的成果，省力的）

②他今天穿得很**体面**。（光彩荣耀的、不失态的）

③不管什么原因，偷别人的东西就是不**光彩**的事。（荣耀的）

④这部电影的情节还真**恐怖**。（令人害怕的、战栗的）

⑤今年的经济很不**景气**。（兴旺的、繁荣的）

⑥学习汉语的道路很**曲折**，我们都要坚持到底。（复杂的、不顺利的）

⑦中国是一个讲**民主**的国家。（有人权的、不独断的）

2.2.2.7　感情色彩差异

词的褒贬意义是附丽于词的本义上的特殊意义，是人们或赞许或批判感情色彩的投射，具有动态性和约定俗成性。大部分汉字词在韩汉两语中的感情色彩一致，但小部分有出入，因此造成了学生作业中的偏误，错句用＊号标注。

2.2.2.7.1 汉褒义或中性，韩贬义（表 2-8）

表 2-8

韩语汉字词	对应的汉语词	汉语中的感情色彩	韩语中的感情色彩
교묘	巧妙	褒义	贬义（投机取巧、耍花腔、使诡计） * 大家都不喜欢和巧妙自私的人做朋友。 사람들은 교모하는사람과 친구되기 싫다.
환악	欢乐	褒义	贬义（寻欢作乐、寻花问柳、拈花惹草、狂欢） * 他沉溺欢乐，失去了工作。 그는 환악을 빠져서 일을 잃어버렸다.
가관	可观	褒义	值得看（对滑稽窘迫行为的嘲讽） * 敌人逃跑的样子很可观。 적은 도망하는 모양은 가관이다.
극성	极盛	褒义	贬义（不好的人、事或者现象极度猖獗、兴盛起来） * 春天是蚊子极盛的时间，要多消毒。 봄에 모기가 극성하는시간이라 소독을 많이 해야한다.
방치	放置	中性	贬义（不高兴或不愿意而置之不理） * 父母放置了女儿的婚礼，因为不喜欢那个男人。 부모님은 그 남자의 맘에 안 들어서 딸의 결혼식 방치했다.
모사	谋事	中性	贬义（用不正当的行为或方法策划某事） * 谋事的人必须受到惩罚。 모사하는 사람은 벌을 받는다.
기교	技巧	中性	贬义（雕虫小技、骗术） * 他靠技巧在考试中得了高分，没什么了不起。 그는 기교땜에 시험에 점수 잘 받는데 별 잘하지 않았다.
요령	要领	中性	贬义（偷懒、见风使舵、妥协） * 他知道要领，很狡猾。 그는 요령은 잘 알고 똑똑한다.
집착	执着	中性	贬义（过分固执、过分坚持不放） * 他的缺点就是太执着。 그는 단점은 너무 집착한다.
공작	工作	中性	贬义（特指北方对南方的宣传工作或情报工作） * 我们对朝鲜的工作不会停止。 우리는 북한의 공작은 멈추지않는다.

2.2.2.7.2 韩褒义或中性，汉贬义（表 2–9）

表 2–9

韩语汉字词	对应的汉语词	汉语中的感情色彩	韩语中的感情色彩
덕성	德行	贬义（指不好的品行道德）	褒义（指高尚贤明的道德品性） * 世宗大王是一名有德行的人。， 세종대왕은 덕성있는분이다 .
자부	自负	贬义（自以为了不起）	褒义（有信心、感到荣幸） * 我自负能学好汉语。 나는 중국어를 잘 배울수있다는 자부심이 있다 .
원활	圆滑	贬义（为人处世周全世故，指一种处世哲学）	褒义（相处起来没有是非矛盾或者争执） * 我们在一起很圆滑，没有吵架。 우리는 원활하니까 같이 있으면 안 싸우다 .
포기	抛弃	贬义（扔掉不管）	中性（放弃） * 汉语很难，我想抛弃了。 중국어를 아주 어려워서 포기하고 싶다 .
도망	逃亡	中性（逃走而流浪在外）	贬义（逃跑） * 为了逃避惩罚，他逃亡了。 벌은 피하려고 도망했다 .
과분	过分	贬义（超过本分或一定的限度）	褒义（优待厚爱） * 老师过分我，所以别的同学不高兴。 선생님은 과분하게 저한데 잘해주 니까 다른친구들 기분이 나쁘다 . 注：其实是表达学生受到老师特别照顾时受宠若惊的愉悦之情。
다정	多情	贬义（过分注重感情）	褒义（热情、亲切） * 我到了四川大学，老师们很多情帮助我。 사천대학에 도착해서 선생님들 다정하게 도와줬다 .
부연	敷衍	贬义（应付了事，不认真对待）	中性（详细论述） * 刘老师很好，我们有质问，她总是敷衍我们。
질문	质问	贬义（严肃地盘问，用于对待做错事情的一方）	中性（提出问题） * 刘老师很好，上课的时候，我们不懂可以质问。 유선생님 좋아요，우리 질문이 있으면 항상 부연했다 .
암산	暗算	贬义（暗中图谋暗算别人）	中性（心算） * 我弟弟暗算成绩很好。 유선생님 좋아요，수업할때 우리는 질문할수 있다 .
유예	犹豫	贬义（迟疑不决，不果断）	中性（因故计划延期、延迟） * 因为下雨，运动会犹豫了。 비가 와서 운동회 유예했다 .

续表

韩语汉字词	对应的汉语词	汉语中的感情色彩	韩语中的感情色彩
조우	遭遇	贬义（遇到不好的事情）	中性（碰见、遇见） * **我在四川大学遭遇了刘老师。** 사천대학교에서 유선생님을 조우했다.
도모	图谋	贬义（计划干坏事，比如图谋不轨）	中性（策划） * **我们班正在图谋新年晚会。** 우리반 지금 신년 파티를 도모한다.
제삼자	第三者	贬义（破坏别人的家庭的人，又称“小三”）	中性（局外人，第三方） * **三星公司是第三方，不需要承担责任。** 삼생회사는제삼자 인데 성과책임을 필요없습니다.

2.2.2.8 语用差异

韩国受儒家思想影响深重，因此自古有尊师重道的传统，说话做事严格遵守礼仪规范，做到长幼有序，长幼有别。因此韩国人大量使用敬辞、谦语以及委婉语等，表达的语体特别正式，类似中国古代。比如《韩国语口语入门》初级篇中的课文对话：“你最近过得怎么样？”答语是：“托你的福，我过得很好。”这跟语言表达的得体性有密切的关系。调节语言表达的得体性包括敬辞、谦辞以及委婉语等诸多因素的使用。因此有些词语在两语中虽然表示基本相同的意思，但所反映的人际关系的方向性不同，如果运用不当就会使听话人感到别扭或不舒服。比如：

①要放学了，我们想**慰劳**老师，**请客**老师。

②下个月，我和男朋友去北京语言大学**视察**。

③我们 9 个同学**莅临**成都，**下榻**了香格里拉大酒店。

这几个句子的错误都在于词汇偏误，原因是韩国学生对于该词语的语用规则并不明确，从而混淆了正确的使用场合和对象。比如“慰劳”表示“安慰、犒劳、问候”，一般用于上级对下级，或者长辈对晚辈。“视察”也是如此，此处不是上级人员到下属机构检查工作，因此只能用“参观”。最后一句中“莅临”和“下榻”也用于上级来检查工作，下级表示欢迎时用的特殊敬辞。如“视察”在韩国语里也“上级人员到下级机构检查工作”的意思，但人际关系的方向性不一定是下向，常常用来表示“参观”的意思。而“请客”是一个不及物动词，不能接名词宾语。这些语法错误也是教学中应当着重讲解的问题。

2.3 针对韩国学生的词汇教学策略

目前国内比较流行的词汇教学法，包括“结构—情景—功能”结合的交际教学法，“结构—功能—文化”结合的教学法以及以句型直接输入反复操练为主的教学法。根据前文对偏误及其成因分析的结果，针对初级阶段韩国学生汉语习得规律，我们认为，国际汉语初级阶段的词汇教学可以采用交际教学法，做到以功能为纲，并结合词的组合和聚合关系，语素和句法结构相结合的词汇教学方法。策略如下：

2.3.1 结合词汇教学的特点

学者胡明扬在《国际汉语教学中语汇教学的若干问题》中，分析国际汉语词汇教学长期以来没有被置于其本该拥有的重要地位之上的原因时，总结了三点：一是语汇本身是一个开放性的系统，每一个词语几乎都有自己的个性，共性不那么多，不便于进行系统的教学。二是词汇教学在初中级阶段并没有像语音和语法教学那么困难，所以没有引起足够的重视。从而导致第三点原因，词汇对比的异同点在初期对学习者的迁移影响往往被语音和语法方面的问题覆盖[①]。

① 胡明扬 . 国际汉语教学中语汇教学的若干问题 [J]. 语言文字应用，1997（1）.

2.3.1.1 词类的划分

在初期教学中，我们认为以功能—意念为纲，每一课都以一个题材或话题为中心的交际法值得推荐，因为如此一来大纲中要求的词汇就被自然而然地分成了大类。以话题中的关键词为大类中上位词的最高一层，下面延伸出各个下位词，当然也可以横向、纵向呈网状向外延伸。例如，某一课的话题为“买水果”，我们有两种延伸方式：一种是对于短语中的名词性成分——水果，我们可以按照语义场（词汇场）来划分，将水果作为本课其中一个语义场中的上位词，由此向下延伸出：苹果、橘子、鸭梨、葡萄、荔枝等各种各样的水果，说话者在进行交际时，交际内容中所涉及的词汇一定是由一点延伸开来的。说话者在交际过程中所涉及的所有词汇将会由水果这个词汇向外延伸，所以，在口语课进行口语技能训练时就有意识地训练这样分类分板块的学习和记忆。既方便了学生的记忆，又更加益于学习者在实际交际时能够快速思维及准确系统地提取所需词汇。在别人问到“你喜欢吃什么水果？”时，学生就不会用“猪肉”等不在此语义场中的词语来做出回答。另一种是按照词性来划分，比如对于话题中的动词性成分——“买”，必然就会延伸到“卖水果”“吃水果”甚至“切水果”，对于这一系列动词的学习，不仅拓展了学习者的词汇量，方便了词汇的记忆，对于熟练掌握这些动词应放在什么位置，后面接哪些名词等词汇运用也有很大的益处。

此外，在课堂上模拟真实语境或者直接在生活中进行言语实践也是交际教学法提倡的。如利用图片和实物展示以及多媒体的运用，一些生动有趣的游戏也会引起学生足够的兴趣，带来较好的教学效果。例如在教授有关动物话题的词汇时，制作可以戴在头上的动物卡片，第一步贴在黑板上，告诉学生这些动物的中文名称；第二步让他们自由选择自己喜欢的动物，取下来戴在头上，代表他们喜欢的那种动物；第三步选出两个动物代表，就以那种动物的身份进行自由的会话，一旦出现漏洞——如说话者忘记了自己是一种动物时，就让此说话者根据这种动物的体态行为特征来表演此动物。交际法运用多样化的教学方法，充分地调动了学习者的学习兴趣。

2.3.1.2　语境的引入

此外，由于词在一定语境上下文中才存在确定的语义，且词语的搭配并不是绝对的自由，必须遵循一定的语用规则，这个词在什么场合下使用，使用对象是谁，等等，这些对于真正掌握一个词才是至关重要的因素（加入词的词汇意义，色彩意义）。

以《新攻略》基础篇第15课《去邮局怎么走》为例，教师应该首先教授表示地点的名词，如“图书馆、宿舍、食堂、教室、邮局、银行、动物园”，并用PPT或者图画等最直观的方法展示。然后，对于“一直、走、往、到、过、拐、字、路口、马路”等词，在Solbridge所教授的两个Beginner2班级采用了不同的教学方法，结果显示单个词语输入的效果不及词汇搭配整体输入。也就是说，学生对于“过马路”“一直往前走”“十字路口”“往左拐/往右拐”一开始表现得很抗拒，可是当我走下讲台，在学生座位中穿行，通过动作的反复演示和声音的配合刺激，学生很快也能脱口而出，比如从马路的一边到另一边，也就是英语中“cross”这个动作，汉语就是用“过”来表达，不能说“走马路、跨马路、行马路”，我们何不就直接输入“过马路”这个短语呢？像教材中把“字”解释为汉字，“路口”解释为“道路会合的地方”，只能给外国学生徒增负担。由于我们教室外面就是马路，我直接把学生带到窗边，指着不远处的“十字路口”进行演示。或者教师可以出示路况图片“十字路口”，并与“人字路口”做对比。

最后教师可自制标有本课地点生词的地图，然后以一个起点作为参照物，给学生不同的情境，比如：“小王今天不舒服，他应该去哪儿？怎么走？”“小王想给国内的朋友寄明信片，应该去哪儿？怎么走？”先分小组讨论，然后分组演示。

2.3.2 网状辐射结构词汇教学模式形成

20世纪60年代，瑞典心理学家Treisman提出心理词典模型的构想，他认为在成熟读者的脑海中存在一个虚拟的词汇网络，而连接这张“面”的“交点”正是语素。因此语素教学法对于帮助高级阶段的外国学习者克服“高原期现象”具有重要的启发意义。

与印欧语系相比：首先，汉语语素以单音节为基本形式。不少学者专家提出词汇教学“语素法”并且开始提倡教给留学生一定的构词知识，以便于学习者更好地理解和记忆所学词汇。如在教授“鸡蛋”时，可以同时归纳和教授“鸭蛋”“鹅蛋”“鸟蛋”等，一般情况下，学生已经知道了“鸡”“蛋”“鹅”“鸭”分别所代表的意义，因此在解释鸡蛋这个词语的意思时，学生很容易可以理解。学生也就很容易地猜出另外两个词语的意思了，接着通过情景会话，引导学生进行替换扩展练习。这一轮结束后，教师可以进一步保留“鸡”这个语素，将“蛋”替换为新的语素，比如“肉”，接着学习同一语义场中“鸭肉”“鱼肉”“牛肉”“猪肉”的表达等。这样的替换练习和情景对话让学生自然而然地顺带练习了语素及构词法的相关知识，提高了他们对中文词汇的领悟能力。

这种“语素教学法”从国家汉办编著的《汉语水平词汇与汉字等级大纲》中词语数量（8822个）和汉字数量（2905个）的比例就可以看出来，虽然这些汉字并非个个都是构词语素，但可以大致推断语素的数量远远低于词语，具有高利用率的特点。留学生在汉语词汇习得中不妨从构词语素入手。而语素知识的积累，有助于学习者在“猜词训练”中细致辨析近义词，培养词汇自学能力，提高语篇阅读速度，从而树立信心。

比如《新文化中国语》高级篇第四课《网络时代》。在学习了“网络”这个词后，教师应利用头脑风暴法鼓励学生猜想与之相关的词汇，比如“网上购物”叫“网购”，“网上恋爱”叫“网恋”，“网上结婚”叫“网婚”，“网上交的朋友”叫“网友”，等等，学生凭语感能基本猜中。而对于“网虫”和“网民”学生相对陌生，一方面，教师可使用联想教学法，从书虫（bookworm）即“书呆子，很爱读书的人”入手，过渡到“网虫”，学生很容易推导出意思“很爱上网的人”；另一方面，将“网虫”和“网民”指涉的对象范围通过例句做对比，“现代社会很多人工作、学习、生活都离不开网络，可以说我们都是网民”“弟弟是个网虫，每天除了上网，什么事情也不做”。学生很快就能把握两者的异同。

2.3.3　教学的重点和难点分析

无论是在海外还是在国内，学习中文的韩国学生，都已成为国际汉语教学对象的主力军。因此针对这部分人的韩语母语特点，展开有针对性的国别化教学已经刻不容缓。目前，韩汉语言对比研究成果还不够丰硕。战斗在国际汉语教学一线的教师学者们，应该联手从理论上加强韩汉语音、词汇、语法本体研究和对比分析，在实践中构筑更为翔实动态的中介语语料库系统。

2.3.3.1　积极发挥正迁移的作用

汉语词汇以双音节词为主，而其中又以复合式合成词占优势。如果教师能够利用“语素教学法”对构词词根语素进行细致讲解，并辅以近义词和反义词辨析练习，比如“果断”和“武断”，“热情”和“热烈”，“有趣”和“无趣”，“重视”和“轻视”等，就能帮助学生在短期内轻松提升词汇量。

而对于占韩国汉字词绝大多数的同形同义汉字词，更是可以发扬“拿来主义”，帮助减轻韩国学生的记忆负担。而对于同形异义汉字词，只需要给学生讲出变化的那部分义项，反复操练也可以达到正迁移的效果。比如告诉学生“家族”的外延比较大，而汉语中表示家庭成员时直接用“家人”表示。

此外，皮鞋（구두）、菜单（메뉴）在韩语中虽然不是汉字词，但可以根据组成它们的汉字猜出词义。

2.3.3.2 有效减少负迁移的影响

特别是在外语学习的初期，当学习者对于目的语表达不熟练时，往往会直接借用母语的知识，如果这部分母语知识和目的语并不完全相同，就会发生母语负迁移。韩国学生汉语词汇习得中的母语负迁移影响，主要来自同形异义汉字词和异形同义汉字词。

学生头脑中根深蒂固的母语知识，使得韩国学生在学习这些汉韩同形同义字词的过程中，不能真正采用汉语思维和正确理解汉语字词的意义，这时，上面提到的正迁移影响也就转变成为负迁移，学生在学习和使用汉语的过程中往往产生偏误，如“前辈”一词在韩语中是表示尊敬的敬语，使用场合较广，但在现代汉语中只用于指代学业上的师兄师姐或革命前辈。

所以，对韩汉语教师要有意识地开展韩汉词汇对比研究，善于将理论成果运用于教学，积极预测学生在学习中可能产生的母语迁移，加强正迁移，消除负迁移。并随时掌握国内外相关课题的最新成果，多多阅读相关教辅书籍，如《国际汉语常用词语对比例释》（卢福波）、《汉语近义词学习手册》（牟淑媛、王硕编著，北京大学出版社，2004 年）等。特别要多注意汉语词汇在结构和语义上的特殊要求。学生常常会不自觉地忽略语言中不同的成分，特别是意义和用法的差别。

2.3.4 语境教学与关联性

2.3.4.1 在语境中进行词汇教学

近义词辨析是留学生汉语词汇学习的一个难点，对于复合式词根语素，我们可以拆开讲解，但对于有些虚词，教师常常感到棘手。我们不妨引入语境，让学生在遣词造句中了解近义词的“微殊”，这种细微的差别可以表现在义项、感情色彩、语体风格，甚至语法表现等各个方面，我们都能通过语境加以区分，引导学生正确认知。可以说词语脱离语境，就很难确定它的真正内涵，语境是进行词义教学的关键。比如“不”和“没”这一组表达否定意义的副词，教师可以给出以下例句：

A：昨天你去学校了吗？

B：昨天我没去学校，因为我有课。

A：那明天呢？

B：明天我也不去学校，因为我有约会。

A：你到底想不想去学校？

B：哈哈，我不想去学校。

显然学生会发现“不”可以表达说话者的意愿，或者用于将来时态。而“没”则用于过去时态，表示某个行为没有发生。

又如“或者”和“还是”同是表示选择关系的副词，学生常常混淆。造出“你中午想吃中国菜或者日本菜？”“她决定学新闻还是学中文。”的错误句子。而在韩语和英语中，都不存在对应的点，所以教师应能提前预料到这个点，在学生犯错后，不要生搬硬套地讲理论，不妨直接引入情境，用事实说话。

A：你中午想吃中国菜**还是**日本菜？

B：中国菜**或者**日本菜都可以，无所谓。

A：你女儿决定学新闻**还是**学中文？

B：新闻**或者**中文都挺好的，她自己决定。

这样一目了然，学生立即可以自行找出规律：“还是”用于选择问句中，而“或者”用于陈述句，表示选择。

2.3.4.2 引导学生进行选择性的课外阅读

语言的习得关键是语言交际能力的培养。但由于目前汉语教材的更新远远赶不上词汇的更新，单凭课堂上课文的讲解是不够的。教师应该在初期抓住学生急于表达的心理，课下帮助学生选择难度匹配的阅读资料，可以是儿童读物、报纸或者有插图的杂志，在扩大词汇量的同时，帮助学生强化语感。

2.3.5 词汇文化差异与民族性

初级阶段词汇教学一般是与日常生活相关的简单词汇，且以单音节词和双音节词为主。不会涉及复杂的四字成语、惯用语或者歇后语。但随着学生汉语水平的提高，隐藏在词语后面的文化差异也逐渐凸显出来。比如在汉语里“红”代表着喜庆，过年要发“红包”，新娘结婚要穿红色的衣服迎接来宾，而“白”象征纯洁和肃穆，在清明扫墓时要戴小白花；而在韩国和西方国家，他们认为“白”是最圣洁的颜色，因此在婚礼上新娘的婚纱都是白色的。此外，在中国“黄”与色情相关，所以网络流行语有“很黄很暴力”的说法。而在韩国和欧美国家“黄”没有这个意思。1880年，世界上第一本电话号码簿在美国问世，由于用的黄色纸张印刷，从此“yellow page”用于表示查询的电话簿，反倒是“blue”有色情的意思。由于不明白词语隐藏的文化意义，学生造出了“桌子上面有一本黄书。”这样的句子，令听者觉得怪怪的。此外，由于韩语是一个特别注重礼仪传统的国家，有很严格的敬语系统，因此学生头脑中的等级观念根深蒂固，教师在词汇教学中要帮助他们区别词语的语体风格。

2.3.6 加强词语的运用和练习

词语搭配练习也是词汇教学的重要环节，很多学生单词量很大，一说就错一写就停。原因在于，不会组词成句，更准确地说，不知道该把哪些词拼合在一起。如在汉语中，“雨”“雪”常和“大”“小”搭配，而不是“多”和“少”或者像英语中那样用“heavy”和“light”表示。“采用”在汉语中的对象常常是

“方法、建议和措施”，而韩国学生常常误以为其对象还包括“人”。所以，教师在教学中不应该采取“满堂灌”或者“填鸭式”的教学方法，而是应该充分和学生互动，设计灵活的搭配练习，如连线游戏、抢答游戏、关键词即兴演讲或者词语接龙。总之，要让学生尽量开口说，把隐性错误显性化，才能真正提高教学质量。

2.3.7 词汇教学中的纠错问题

出于对学习者信心和兴趣的保护，交际教学法赞成教师对学生的错误应该抱有一定的容忍度。但是，根据行为主义的观点，若不对错误进行纠正，错误观念就会在脑中固化，这一点对于初级阶段的学习者尤为重要。因此，对于初级阶段学生，我们应容忍他的错误，不对学习者的错误进行特别的指出，但教学者一定要及时地用正确的概念去强化学习者，让正确的概念自然而然地去代替学习者的错误概念。例如，在进行买水果的话题时，教师充当卖水果的人，学生充当买水果的人。若学生错误地将“橘子”的音对应“苹果”的实物，指着苹果说我要买橘子时，教师一定要拿着橘子对他说：“你要买橘子吗？”这样，既没有特别指出学生的错误，又用橘子本身的正确概念去纠正了学生的错误概念，并使正确概念在学生脑中得到强化。

2.4 通用韩国版汉语教材《新攻略》优劣分析

2.4.1 韩版汉语教材《新攻略》的优势

《新攻略》是又松大学孔子学院和 Solbridge 国际商学院汉语教学的首选汉

语教材，相比国内留学生班常常使用的《汉语教程》，它的优势如下：

首先，由中韩两国专家共同编写，用韩语注释代替常见的英语注释，受到韩国学生的青睐，更适合国别化教学。

其次，课文一开始就设定了人物和故事情节，提供了典型的交际环境。使得整个阶段的学习更连贯，更有人情味。

再次，从教材的编排体系看，课文由初级的对话体逐渐过渡到中级的叙述体最后进阶到高级的长篇阅读，符合学生语言认知能力的发展节奏。

最后，课文内容的编排以功能为纲，采用任务型教学法，切实采取了“学以致用”的态度。且每篇课文语法点的讲解摒弃了繁复晦涩的语法术语，转而以简洁的例句呈现，并辅以配套练习，学生掌握起来更轻松。

2.4.2 韩版汉语教材《新攻略》的不足

首先将《新攻略》初、中、高级三套教材中所有汉字词按课文顺序和词性整理，见表 2-10~ 表 2-13。

表 2-10

《新攻略》初级篇	名词	动词	形容词	副词	数词	汉字词 / 生词
01《你好》		谢谢				17
02《你好吗》						20
03《你吃什么》	茶、词典					2/20
04《多少钱》					一、二、三、四、五、六、七、八、九、十、百、个、瓶	13/24

续表

《新攻略》初级篇	名词	动词	形容词	副词	数词	汉字词/生词
05《图书馆在哪儿》	图书馆、食堂、银行、医院、商店、书店、天安门、故宫、颐和园、长城					9/22
06《我来介绍一下》	学生、教室、李英男、具文奎、西蒙、德国、法国、韩国	认识、介绍				10/35
07《你身体好吗》	最近、成绩、学校、中国		努力	比较		6/22
08《你是哪国人》	姓、电话、王、北京语言大学、房间	休息			号、位	9/26
09《你家有几口人》	兄弟、姐妹、工作、父亲、母亲、医生、公司、职员、记者、父母、今年、年纪、岁、秘密、小叶、直美					16/26
10《现在几点》	现在、点、上午、今天、月、号、日、星期	出发			分、半	11/25
11《办公室在教学楼的北边》	里边、北边、西边、南边、饭馆儿、东边、电影、电影院、药				张	10/30
12《要红的还是要蓝的》	青岛		新鲜			1/27
13《您给我介绍介绍》	质量、样子				双、号	4/25
14《咱们去尝尝好吗》	以后、四川、汤、鱼香肉丝、麻婆豆腐	结账				6/30
15《去邮局怎么走》	车、技术、火车、飞机			到		5/30
总计	72/102（70.59%）	6/102（5.89%）	3/102（2.94%）	1/102（0.98%）	20/102（19.6%）	102/379（26.91%）

表 2–11

《新攻略》中级篇	名词	动词	形容词	副词	汉字词 / 生词
01《体育健身》	足球、篮球、台球、保龄球、记录、运动、太极拳、好处、气功	游泳、伤心、继续、关心	健康、长寿、激烈		15/29
02《各有所爱》	关键	流行、满足	浪漫		4/29
03《理想的职业》	报社、记者、经济、职业、收入、同事、顺序、科学家、教授、老百姓、知识、实际、多数	公布、调查、尊敬	理想		17/29
04《业余爱好》	爱好、世界、动物、人物	集邮、收藏、增长			10/23
05《中国家庭》	平常、家庭、方面、矛盾	注意、减少、增多	唯一、幸福	逐渐	10/28
06《看望病人》	楼道、小说、收获、伤	代表、服、治疗	复杂	甚至	9/26
07《生活习惯》	夜生活、规律	影响	重要、紧张、准时、新鲜		7/23
08《看比赛》	现场、气氛、道德、组、联赛、体育场	赢、信、淘汰、通过、有关	著名		13/28
09《春夏秋冬》	火炉、东北、风景、气温、四季、季节、周围、风沙、雨伞、武汉、长沙、重庆、桂林、新疆、吐鲁番	预报		到处	18/33
10《友好交往》	主力、友情、门、专业、安娜、对方	增进、上场、	幽默		9/28
11《你考得怎么样？》	表、脸色、学期、道理、课程、手段、目的、观点	核实、弹、安心、复习、赞同	真正	到底	15/28
12《告别》	地址、机会、一辈子、经历	通信、联系、奔波、流浪	紧急、遗憾	终日	11/31
总计	80/138（57.97%）	36/138（26.09%）	17/138（12.32%）	5/138（3.62%）	138/304（45.39%）

表 2-12

《新攻略》高级篇	名词	动词	形容词	副词	汉字词 / 生词
01《不同的文化》	本分、冲突	处世、顺从、崇尚	核算、谦虚、疏远、均衡、沉着		10/31
02《父母与子女》	关键、代价、代沟、原则、分歧、苦心		尖锐、反感		8/29
03《让孩子吃苦》	动机、属性、本能	经受、拉练、违背			6/24
04《拾金不昧要不要回报》	境界	行善	模糊		3/32
05《邻里关系》		传染、中毒、符合	刻意		4/31
06《夫妻之间》	学术、伦理	避免、增进、崇拜、履行、警告、交叉、重叠、渴望、妨碍	伶俐		12/38
07《家庭服务员》	痴呆、下人、仆人、符号、北京、层次、良心、契约、规矩、潜意识、温情、立场、领域、细胞、幻听、投入	实施、对立、支付、评、雇佣	消极、满足、纯朴、相应		25/49
08《谁来保护消费者》	金额、正路	经营、赔偿、意识、损害、赢利、威胁、伪装、断绝、出发、完善	单纯、高尚、正当		15/36
09《烟与酒》	产业、气质、灵感、氛围	款待、融入	庞大		7/38
10《尊重生命》	灾难、舆论、理智、困惑、	扶持、诊断、判决、退缩、搀扶、立法、放弃、免除、滥用、缓解、开导、支配、直面	孝		18/43
11《给我一片蓝天》	饭桶、协会、淮河、金属、消耗、理念、物资、田园、寓所	发起、分类、关注、灌溉、改善	富足、有机		16/42
12《话说广告》	信息、利润、渠道	对抗、监督、改进、复苏、起步、诱惑			9/31

续表

《新攻略》高级篇	名词	动词	形容词	副词	汉字词 / 生词
13《让我们关注生活质量》	概念、幅度、生态、品位、麻将、娱乐、修养、客观、主观、说服力、误解		隐性		12/21
14《网络给我们带来了什么》	主流、指标、象征	失踪、协同、掌握	广阔、即时		7/37
总计	64/152（42.11%）	63/152（41.45%）	24/152（15.79%）	1/152（0.66%）	152/502（30.27%）

表 2-13

	汉字词 / 生词	名词 / 汉字词	动词 / 汉字词	形容词 / 汉字词	数量词 / 汉字词	副词 / 汉字词
初级阶段	26.91%	70.59%	5.89%	2.94%	19.6%	0.98%
中级阶段	45.39%	57.97%	26.09%	12.32%	0	3.62%
高级阶段	30.27%	42.11%	41.45%	15.79%	0	0.66%

通过表 2-11~ 表 2-13 不难看出：从词性占比来看，汉字词中名词的比例最大，其次是动词、形容词和副词。数量词的学习主要在初级阶段完成，因此所占比例比较大，甚至超过了形容词。从词义来看，同形同义词数量最多，其次是同形异义词和异形同义词。这些数据与学界前辈对汉字词的研究成果相吻合，是这套教材的可取之处。

但是在汉字词数量的收录比重方面，还存在明显不足。《新攻略》教材在中级阶段，收录的汉字词数量最多，但也只占到了全书的 45.39%，初级阶段最少，只有 26.91%。根据甘瑞媛教授博士论文《“国别化”国际汉语教学用词表制定的研究》中的研究显示，韩语前 3000 高频词中分布在 HSK 的汉字词占到了 877 个之多，其中甲级词 197 个，乙级词 353 个，丙级词 186 个，丁级词 141 个。显然，可能由于这是一套综合性教材，编者并没有特别凸显“汉字词”教学这一块，忽略了这个能引起学生极大兴趣和思考的领域。

而且，纵观目前韩国市面流行的汉语教材，无论是《新攻略》还是《新文化中国语》《汉语教程》《长城汉语》《博雅汉语》都没有充分体现这个优势，词汇编排稍显零乱，学生记忆毫无章法可循。在未来的对韩汉语教学中，无论是教材、教师还是课堂，都应该充分体现以学生为中心，只有以学生的母语知识为基础，母语思维为参照，才能取得新的突破。

如果教师在教学中能够充分引入韩汉语言对比的成果，科学巧妙地开展词汇对比教学，不再将词汇教学仅仅看作课文讲解和语法教学的“热身运动”或者“垫脚石”，而是提到一个新的高度，并做到以下两点，将有利于学生逐步减少对老师和课堂的依赖，转向自主学习，使汉语课堂教学达到事半功倍的效果。

2.4.2.1 突出汉字词与对应汉语词语发音相似的关联点

比如教初级学生，要注意不拘泥于课本生字词的编排顺序，充分激发学生对汉语的兴趣。教师不妨有意识地引入韩汉汉字词对比的成果。以语音为例，韩语音节的元音和辅音可以类比汉语音节的声母和韵母，但汉语多声调。韩语中没有“f”这个音，一律用“ㅂ/ㅃ”代替，所以韩国人发“fashion”听起来像“passion”；以语法为例，中文和英文一样，属于S+V+O结构，而韩语的基本语序是S+O+V，因此“我看报纸”，韩国人却说“나는신문을봅니다（我报纸看）”，汉语的修饰语在中心语前面，而韩语刚好相反，因此“三只小熊”到了韩语读“곰세마리（小熊三只）”；以词汇为例，《新攻略》初级篇汉字词中数词、量词比重很大，这是因为韩语中的数词包括汉字数词和固有数词两套系统，其中汉字数词“一到十，百，千，万”的发音和汉语中极为相似，教师在带读3~4遍后，韩国学生基本上都能“无师自通”，准确掌握。那么结合“个、本、张、名”等高频量词，学生很快就能掌握汉语数量词表各知识点。

2.4.2.2 用构词能力强的语素展开词汇教学

比如《新攻略》中级篇第1课《体育健身》，出现了“足球、篮球、台球”这三种球类运动，教师可以以汉字词语素“球（구）”为依托，为学生搭建球类运动的词汇网络，比如“乒乓球、羽毛球、网球”，然后顺势引入相应动词搭配的学习，比如板书动词“打”和“踢”，并将各自的部首红色标识出来，对应我们已经学过的汉字“扌”（手）、“⻊”（足）。接下来，教师不需要过多解释，几乎所有学生都能准确连线，正确搭配。

再比如《新攻略》初级篇第8课《你是哪国人》涉及国籍的学习，教师可以由生词“国（국）”引出“中国、韩国、美国、英国……”以及“国家、国际、国情、国庆”等。如果有文化课，还可以对比一下两国节日的风俗习惯。事实上，正如我们不知道韩国的国庆日是八月十五日，也很少有韩国学生知道中国的国庆节是十月一日，这些两国语言文化的异同点，都是学生的兴趣所在。教师应该善于捕捉，多多总结。

类似地，在教授了生词学生（학생）以后，教师可以马上引出“生日（생일）、生活（생활）”以及“大学生（대학생）、中学生（중학생）、小学生（초등학생）、学校（학교）、学院（학원）、学期（학기）、学年（학년）、学长、学姐、学弟、学妹”等概念。因为“年、月、日”“大、中、小”“弟弟、妹妹、哥哥、姐姐”的表达学生已经学习过，不是生词。在此，不仅进行了复习，而且在理解的基础上让学生掌握了更多的单词，极大增强了学生的信心。但需要指出的是，由于两国的国情不一样，在此最好给学生补充对比中国和韩国的教育制度，因为韩国的中学往往相当于中国的初中和高中。

此外，如果稍加留心，无论是韩国电影（比如《世上最美丽的离别》）还是学生在教室闲聊，你就会发现韩国人一律称呼“学长、学姐”为“前辈（선배）”，“学弟、学妹”为“后辈（후배）”。即使这个韩国人发音再纯正，中国

人一听也会觉得这是个外国人，换言之就是他用词不地道。所以，教师在教授“学弟、学姐”这些称谓时，应该指出韩国学生熟悉的同形异义汉字词“前辈”“后辈”，并在表达上加以更正。

2.5 结　语

本文以韩汉语言对比分析理论和中介语理论为指导，以又松大学商学院的Beginner1~2，Intermediate2，Advanced1 班级的学生以及又松大学孔子学院的学生为调查对象，收集了学生在汉语词汇习得中的大量偏误。得出以下结论：

①这些偏误主要由韩汉两种语言“似是而非”的相似点引起的。就汉字词造成的偏误来说，主要在于同形异义汉字词和异形同义汉字词。

②在我们收录的 133 个同形异义汉字词中，第四种韩汉意义无交集的情况最多，即同形完全不同义汉字词所占的比例最大，有 75 个，占我们所收集语料的 56.4%。对韩国学生来说这些词比固有词更加困难，会带来纯粹的负迁移，教师应该提前做好预测。

③韩义范畴小的汉字词所占比例（22.6%）略高于韩义范畴大的汉字词（15.8%），见表 2-14。并且这两种类型汉字词对学习者的影响表现在不同阶段，相比汉语词，范畴小的汉字词造成的偏误主要在输入阶段，学生对于韩语中没有而汉语中有的那部分义项，常按照韩语中的意义去推测，即过度泛化以旧知识去推论新知识造成理解困难；而范畴大的汉字词造成的偏误常出现在输出阶段，以学生的口头表达或者笔头作业表现出来。这两种类型的偏误占到了整个中介语词汇偏误的一半，教师应当有意识地加以归纳整理，科学地引导学生辨析和运用。

表 2-14

类别	数目	所占比例
韩广汉狭	21	15.8%
汉广韩狭	30	22.6%
韩汉有交集	7	5.3%
韩汉无交集	75	56.4%
总计	133	100.0%

④收录的同形异义汉字词中，除了“有权者”“大学院”“化妆室”和“高等学校”四个词语外（表 2-15），全是双音节词，这一点和汉语词汇双音节词占多数有相似之处。

表 2-15

类别	收集的汉字词语料
韩广汉狭	人间、人物、时间、食堂、独身、内外、外面、采用、格式、内服、住宅、情报、阶段、试验、文字、退职、自己、发表、组织、前辈、后辈
汉广韩狭	东西、翻译、放学、对象、黄色、意思、出入、前景、校长、大家、先生、保管、保险、故事、作业、意见、高潮、花园、单位、地方、工作、过去、多少、安心、下流、礼拜、颜色、行动、失手、手艺
韩汉有交集	组织、文章、不便、单位、下手、出世、出头
韩汉无交集	歌谣、讲究、可观、告诉、室长、总长、爱人、总角、馒头、功夫、汽车、病故、过年、有权者、高等学校、人事、新闻、结束、留念、交代、操心、小心、放心、约束、检讨、点心、讲义、化妆室、学院、大学院、大学、药水、同门、热心、暗算、傲气、结实、看病、经理、当面、关门、失职、教授、说得、算数、同门、师弟、学长、造成、洗手、倮子、野菜、散心、程度、事态、检举、检阅、极盛、合同、老婆、巧妙、欢乐、谋事、技巧、要领、工作、德行、自负、圆滑、过分、多情、敷衍、质问、犹豫、遭遇

⑤从词性来看，汉字词中名词占绝对优势，主要是人名、地名、河流山川名、虫鱼鸟兽名、机构制度名、道德心理以及医学方面的词汇，而且这些词汇基本上是同形同义汉字词，教师应当充分利用这些汉字词的正迁移优势，帮助学生“拉网式”扩充词汇量。其次是动词和形容词，随着学习者汉语水平的提高，所学汉字词中动词和形容词的比例迅速上升，而这部分汉字词中以同形异义汉字词为主体，表现出在或义项或感情色彩或语体范围上的差异。这些差异

点应当被预测为学生学习的难点和教师教学的重点。

在对韩汉语教学师资的培养上，教师本人除了具备现代汉语、古代汉语知识、跨文化交际理论以及国际汉语教学的经验和技巧外，还应当不断提升个人的韩语水平，增强韩汉语言的对比意识，更加科学地以学术对比成果来指导课堂设计，开启真正意义上的“国别化”教学。

在对韩汉语教材体例的编写上，首先，中韩两国的教育专家应当群策群力，按照韩国人的认知特点和思维习惯来设计课文会话和练习，融入更多文化异同的比较。其次，应当将汉语词的教学作为一个独立的板块有意识地呈现出来，这对教学是大有益处的。最后，要加强对韩国中小学生的汉字教学，编写集知识性和趣味性于一体的系统化汉语教材。因为在实际的调查中发现了一个问题，汉字词对于中高级学生的影响似乎更为显著，一是因为中高级阶段他们接触到的词越来越多，二是因为学生的汉字水平提高了，更加善于通过字义去推测词义，这是表意文字的特点。而对于初级阶段的学生来说，特别是年轻人，对于汉字的意识往往很淡漠，他们似乎更愿意一直停留在拼音阶段，对书写汉字感到畏惧，这对于真正扩大词汇量，发挥汉字词的优势是非常不利的，教师应当通过“词语卡片猜猜猜”“词语接龙”“听写”等游戏和测验，鼓励学生加以克服。

对韩“国别化”词汇教学并不是一个新颖的论题，但就目前的理论成果而言，却是一片有待开拓的沃土。目前 HSK 考试在韩国非常受欢迎，但市面上却没有一套与考试大纲相匹配的分章节的练习题，如果国际汉语教学工作者能够充分利用韩汉词汇对比的成果，比如结合甘瑞媛教授制定的《国际汉语教学用词表》和国家汉办编著的《汉语水平词汇与汉字等级大纲》，权衡功能话题，梳理出一套系统连贯的教学理论、体系和方法，编撰有助于短期强化和考试培训的汉语教材，国际汉语教学的市场将会全面打开。

对泰国汉语学习者的词汇教学研究

一直以来，泰国政府和人民对汉语学习高度重视。目前，泰国学习汉语的人数已有数十万，是全球汉语学习人数较多的国家之一。面对如此庞大的学习群体，如何运用科学的教学法进行汉语教学，编写合适的对外汉语教材，是每个汉语教学工作者关注的重要问题。

在对外汉语教学中，词汇教学是一项很重要的环节。所谓词汇是语言表达的前提，没有词汇就无所谓语言，词汇教学的效果直接影响语言的教学效果（刘珣，2000；赵金铭，2004；孙德金，2006；等）。尽管词汇教学早已引起众多学者的关注，但是针对不同国家、不同文化背景的汉语词汇教学研究仍有较大的探索空间。

笔者有幸成为一名国家汉办派遣至泰国的汉语教师志愿者，在泰国从事汉语教学实践中，针对泰国学生的汉语词汇教学引起了笔者的关注和思考。在阅读文献的过程中，孙德金（2006）《对外汉语词汇及词汇教学研究》一书中的一句话给了笔者很大的启发，即："其实面向对外汉语的构词研究有很多值得研究的问题，无论是从结构上还是语义上都还有很多问题不清楚，汉语复合词数量很大，结构上有很多特点，可以从不同角度切入。"①

本研究将以汉语和泰语词汇结构和词汇语义组合对比为着眼点，根据汉语和泰语的构词规律和语义组合规律，运用第二语言习得理论、认知语言学理论和心理词库理论，探讨语素教学法在对泰国汉语学习者词汇教学中的应用，希望能为对泰国汉语学习者词汇教学提供一些参考。

① 孙德金．对外汉语词汇及词汇教学研究．北京：商务印书馆，2006：16.

3.1 泰汉词汇对比分析

3.1.1 汉语词汇的基本情况

首先，现代汉语词汇按照不同的角度可以划分不同的类型。按照语音形式来划分，可以分为单音词和复音词。单音词就是由一个音节构成的词，如：天、地、人、牛、马、大、红、少、高、圆、走、吃、跳、抓、想；复音词则是指两个或者两个以上的音节构成的词，如：讨论、问题、运动、实际、定义、语言学、生产力、科学家、电视剧、副食品、个人主义、社会主义、求同存异、画蛇添足、结构形式。按照语素的构成方式，又可以把汉语词汇分为单纯词和合成词两类。由一个语素构成的词叫作单纯词，如：人、少、跑、芙蓉、蜻蜓、忐忑、巧克力、法西斯、奥林匹克；由几个语素组合而成的词语叫作合成词，如：意义、胖子、动情、泥石流、人造毛、万事如意、艰苦奋斗。合成词又可分为由复合式而产生的词，如皮鞋、提高、上下、心疼、吃光；由附加式而产生的词，如老虎、孩子、红彤彤、绿化；还有重叠词，如妈妈、姥姥。复合式是主要构词方式，在汉语词汇中占据重要的地位，是构词法研究的主要对象，其内部语法结构与短语、句子一致，有联合、偏正、动宾、主谓和补充五种基本形式。其次，汉语缺乏表达词性的形态标志，而且词类和句法成分之间不是一一对应的关系。比如名词可以作主语、宾语，也可以作定语和谓语。语序和虚词是汉语表达语法的重要手段。最后，汉语词汇中有很多量词和语气词。

其中，就汉语词汇构成来看，词汇方面的特点主要突出表现为：语素以单音节为基本形式，广泛使用复合词构成新词，双音节词占优势。

3.1.2 泰语词汇的基本情况

在介绍泰语词汇的主要特点之前，大致先来了解一下泰语和泰文的基本情况。

很早以前，泰国一带是孟人统治的地方。公元10世纪，高棉人的势力增大，渐渐取代了孟人在这里的地位，泰国又转而被高棉人所统治。因此，泰语在原有基础上又受到了高棉语极大的影响。而后因为王朝的更迭，素可泰王朝成为泰国兴旺一时的历史时期，素可泰文字成为真正的最早的泰文。公元1357—1680年，泰语自身又有过10次较大的改革，同时伴随着泰族与其他民族的交往融合，泰语又受到梵文、巴利文、汉语闽方言词、英语等语言的影响，几经发展，由简趋繁，终于形成了现在泰语的基本系统。图3–1为泰国目前发现的最早最完整的泰文文献。

图3–1 泰国的兰甘亨牌铭

泰文是拼音文字，属于一种音位字母文字。泰文中，有辅音字母42个（其中单辅音音素21个，复合辅音音素11个），单元音字母18个（长、短音各9个，音素18个），双元音字母19个，音素17个，三元音字母3个，声调5个，[①]

① 说明：泰文辅音字母的分类表现出来的规律是，低辅音与高、中辅音以清浊相别，高、中辅音为清。高辅音跟中辅音以是否送气相别：高辅音送气，中辅音不送气。低辅音即浊辅音，高辅音即送气清辅音，中辅音即不送气清辅音。译写梵文、巴利文词 ฤ（ri）和 ฤๅ（ri:）及其长音 ฦ（ri:）和（li:）是元辅音结合形成，以惯例不计为泰文字母。泰文字母的名称中含有该字母的现代读音。在正常拼读规则之外，泰语还有一些特殊读法，大多是外来语借词或借用外来语构词法织成的复合词。泰语还有一种声调就是“不发音字母”，源自梵文、巴利文借词，为缩短音节，同时又保留原词的形态，便将最后一个辅音字母作尾音或不发音处理。

分别如表 3–1、表 3–2 所示。声调的高、低、升、降有区别词汇和语法的作用，如：

ไถ：①犁，耕；②勒索，敲诈。

ไถ่：赎，赎回。

ไถ้：小锦囊。

泰文的书写采取连书形式，自左向右，横向书写，词语之间连续拼写，无标点、空格，以空两个字母的间隔或小停顿表示一个句子。

表 3–1　泰语主要的辅音字母和元音字母

ก/k/	ข/k^h/	ฃ/k^h/	ค/k^h/	ฆ/k^h/	ง/ŋ/	จ/tɕ/	ฉ/$tɕ^h$/
ช/$tɕ^h$/	ซ/s/	ฌ/$tɕ^h$/	ญ/j/	ฎ/d/	ฏ/t/	ฐ/t^h/	ฑ/t^h/
ฒ/t^h/	ณ/n/	ด/d/	ต/t/	ถ/t^h/	ท/t^h/	ธ/t^h/	น/n/
บ/b/	ป/p/	ผ/p^h/	ฝ/f/	พ/p^h/	ฟ/f/	ภ/p^h/	ม/m/
ย/j/	ร/r/	ล/l/	ว/w/	ศ/s/	ษ/s/	ส/s/	ห/h/
ฬ/l/	อ/ʔ/	ฮ/h/					
–ะ /a/	–า /aː/	–ิ /i/	–ี /iː/	–ุ /u/	–ู /uː/	–ึ /ɯ/	–ื /ɯː/
เ–ะ /e/	เ– /eː/	แ–ะ /ɛ/	แ– /ɛː/	โ–ะ /o/	โ– /oː/	เ–าะ /ɔ/	–อ /ɔː/
–ัวะ /ua/	–ัว /uaː/	เ–ียะ /ia/	เ–ีย /iaː/	เ–ือะ /ɯa/	เ–ือ /ɯaː/	เ–อะ /ɤ/	เ–อ /ɤː/
–ำ /am/	ใ– /ai/	ไ– /ai/	เ–า /au/				

表 3–2　泰语的声调[①]

字符	作用	调值
不标出	平声	调值 33
่	一声	调值 21
้	二声	调值 41

① 关于泰语的声调，有些学者认为，泰语的五个调值分别为 33、11、51、55 和 215，有的学者认为是 33、21、41、45 和 14。本文主要参考裴晓瑞泰语语法新编，认为泰语的五个调值为 33、21、41、55 和 14。裴晓瑞．泰语语法新编 [M]. 北京：北京大学出版社，2001.

续表

字符	作用	调值
๗	三声	调值 55
+	四声	调值 14

泰语是一种分析型、孤立型语言，属汉藏语系壮侗语族黎语支，在很多方面都具有汉藏语系显著的特点：泰语缺乏严格意义上的形态变化，主要依靠词序和虚词来表达语法意义。根据词性，泰语可以分为名词、代词、动词、形容词、介词、连词、叹词、语气词八类。关于泰语语法系统里什么是最小的有意义的语言成分，泰国学者素提翁·蓬派布等研究者认为是语素。因此，在素提翁·蓬派布等研究者来看，泰语构词系统按层级由小及大可以分为语素—词—词汇。语素由音节构成，按照音节可以分为单音节语素、双音节语素、多音节语素，其中以单音节语素为主，是泰语词汇构词的基本单位。在泰国泰语语法研究中，有人认为泰语的构词分为两种情况，一种情况是泰语本语词汇构成，包括单纯词、合成词、重叠词、重复词，其中合成词主要以复合式和派生式两大类为主，复合式构词的数量最大。复合式构词从句法角度也可以分为主谓、偏正（定中）、动宾、联合和补充等几种结构。派生式构词主要是词根加上形态成分，有前加和后加两种。还有一种情况是，泰语中其他语言的构词方式，包括派生词、词性变化、萨玛复合、顺替复合、嬗变、音译词。裴晓瑞认为，泰语的构词方式主要有两类，单纯词和复合词，复合词又分为简单复合、重叠、附加、萨玛复合、嬗变、多项复合和缩减①。如：

单纯词：

ไม่（不要） นึ่ง（蒸） คู่แข่ง（对手）

พ่อ（爸爸） แม่（妈妈） ทำ（做） วัว（牛）

① 裴晓瑞. 泰语语法新编 [M]. 北京：北京大学出版社，2001.

而语素互相组合，就产生了更多的词语，形成了泰语庞大的词汇系统。语素的组合方式主要有以下几种。

简单复合：两个以上的自由语素组合在一起，形成一个复合词。

รวบ[ru:ab^{51}]（收拢）+ รวม[ru:am^{33}]（集合）= รวบรวม[ru:ab^{51}][ru:am^{33}]（收集）

สวย[su:aj^{15}]（漂亮）+ งาม[ŋa:m^{33}]（美）= สวยงาม[su:aj^{15}] [ŋa:m^{33}]（美丽）

น้ำ[nam^{453}]（水）+ อัด[ad^{21}]（压）+ ลม[lom^{33}]（风）= น้ำอัดลม[nam^{453}] [ad21] [lom33]（汽水）

หนามp[na:m^{15}]（刺）+ ยอก[jɔ:k^{51}]（扎）+ อก[ok^{21}]（胸）= หนามยอกอก[na:m^{15}] [jɔ:k^{51}] [ok^{21}]（眼中钉）

เครื่อง [k'rw:a ŋ^{51}]（用具）+ ปั้น[ban^{51}]（塑） + ดิน[din^{33}]（土） + เผา[p'ao^{15}]（烧）= เครื่องปั้นดินเผา [k'rw:a ŋ][ban51][din33][p'ao15]（陶器）

เย็บ [jeb^{453}]（缝）+ ปัก[bak^{21}]（绣） + ถัก[t'ak^{21}]（编织）+ ร้อย[rɔ:j^{453}]（编串）= เย็บปักถักร้อย [jeb^{453}][bak^{21}][t'ak^{21}][rɔ:j^{453}]（编织刺绣）

萨玛复合：巴利文的一种构词法，即两个或两个以上，来自梵文、巴利文的单纯词组合而成为一个新词。

บรม（伟大、至高）+ ครู（老师）= บรมครู（圣明之师）

รัฐ（政治、国家）+ ศาสตร์（经典、学科）= รัฐศาสตร์（政治学）

派生：典型的形式是加缀。

นัก[nak^{453}]（者）：

–นักข่าว [nak^{453}][k'a:w^{21}]（记者）、นักแปล[nak^{453}] [pl ε :^{33}]（翻译者）

ที่[t'i:^{51}]（第）：

–ที่หนึ่ง[t'i:^{51}][nwŋ^{21}]（第一）、ที่สอง[t'i:^{51}] [sɔ: ŋ^{15}]（第二）

นาย[na:j^{33}]（先生）：

–นายหวังหมิง[na:j^{33}][waŋ^{15}][miŋ^{15}]（王明先生）、นายแพทย์[na:j^{33}] [miŋ^{15}][p' ε :d^{51}]（医生）

กร[kɔ:n^{33}]（师）–วิศวกร [wid^{453}][sa^{21}][wa^{453}] [kɔ:n^{33}]（工程师）、จิตรกร [jid^{21}][ta^{21}][kɔ:n^{33}]（画师）

重叠：名词、量词、动词、形容词、副词、代词中都有一部分可以重叠，比起基本式的词语来说，语音节奏感强，语气较重，强调意味较浓。

เสียอกเสียใจ[si:a^{15}][ok^{21}][si:a^{15}][cai^{33}]（非常伤心）

สบายอกสบายใจ[sa^{21}][bai^{33}][ok^{21}][sa^{21}][ba:j^{33}][cai^{33}]（非常轻松）

顺替复合：由两梵文—巴利文组合的一种构词方法，即两个梵文—个巴利文单纯词结合成一个复合词，并发生语音替代。

มหา[ma^{453}][ha:^{15}]（伟大）+ อัศจรรย์ [ad^{21}][sa^{21}][can^{33}]（奇异）= มหัศจรรย์[ma^{453}][had^{21}][sa^{21}][can^{33}]（奇迹）

มหิ[ma^{453}][hi^{21}]（伟大）+ อิสี[i^{21}][si:^{15}]（仙人、圣人）= มเหสี[ma^{453}][he^{15}][si:^{15}]（王后）

มุนี [mu^{453}][ni:^{33}]（圣人）+อินทร์[in^{33}]（帝释天）= มุนินทร์[mu^{453}][nin^{33}]（至圣、指佛陀）

สามัคคี[sa:^{15}][mak^{453}][ki:^{33}]（团结）+ อาจารย์[a:^{33}][ca:n^{33}]（教师）= สามัคยาจารย์[sa:^{15}][mak^{453}][k'a^{33}][ja:^{33}][ca:n^{33}]（教师联合会）

คุรุ[k'u^{453}][ru453]（教师）+ อุปกรณ์[ub^{21}][ba^{21}][kɔ:n^{33}]（设备）= คุรุปกรณ์[k'u^{453}][ru^{53}][ba^{21}][kɔ:n^{33}]（教师设备）

3.1.3 泰汉词汇结构和语义组合的对比分析

3.1.3.1 词汇结构对比

在词汇结构方面，笔者发现汉泰语共有一个突出的特点：汉语和泰语都广泛运用复合法构词，所以本研究主要讨论汉泰复合词的结构和语义。本文将按构成成分之间的语义逻辑关系来论述观点，将复合词划分为联合式、偏正式、主谓式、动宾式、补充式。汉泰词语复合词构成对比表 3–3。

表3-3 汉泰词语复合词构成对比

类型	泰语	汉语
联合式	หน้า[na:^{51}]（脸，面）+ หน้าตา[na:^{51}][ta:^{33}]（容貌）= หน้าตา[na:^{51}][ta:^{33}] 面貌 หน้า[na:^{51}]（脸，面）+ อก[ok^{21}]（胸）= หน้าอก[na:^{51}][ok^{21}] 胸脯 ท้องฟ้า[t'ɔ:ŋ^{453}][fa:^{453}]（天）+ ท้องฟ้าสีฟ้า[t'ɔ:ŋ^{453}][fa:^{453}][si:^{15}][fa:^{453}]（蓝天） = ท้องฟ้า[t'ɔ:ŋ^{453}][fa:^{453}] 天空 ท้องฟ้า[t'ɔ:ŋ^{453}][fa:^{453}][si:^{15}][fa:^{453}]（天空）+พื้นดิน[pw:n^{453}][din^{33}]（地面） = ฟ้าดิน[fa:^{453}][din^{33}] 天地 คด[k'id^{453}]（想）+ คิดถึง[k'id^{453}][t'wŋ^{15}]（思念）= คิดถึง[k'id^{453}][t'wŋ^{15}] 想念 เริ่ม[rə:m^{51}]（开始）+ แหล่งต้นน้ำ[l ɛ :ŋ^{21}][ton^{51}][na:m^{453}]（源头）= เริ่มต้น[rə:m^{51}][ton^{51}] 源头	面貌　胸脯 天空　天地 想念　源头
偏正式	รูป[ru:b^{51}]（形状）+ หน้า[na:^{51}]（脸，面）= รูปหน้า[ru:b^{51}][na:^{51}] 脸型 หน้า[na:^{51}]（脸，面）+ ดินแดน[din^{33}][d ɛ :n^{33}]（土地）= พื้นดิน[p'w:n^{453}][din^{33}] 地面 คน[k'on^{33}]（人）+ รัก[rak^{453}]（爱）= คนรัก[k'on^{33}][rak^{453}] 爱人 คน[k'on^{33}]（人）+ จิตใจต่ำ[cid^{21}][cai^{33}][tam^{21}]（心地不好）= คนเลว[k'on^{33}][lew^{33}] 坏人 ใจ[cai^{33}]（心）+ ดี[di:^{33}],ซื่อสัตย์[sw:^{51}][sad^{21}]（好的，善良的） = จิตใจดี[cid^{21}][cai^{33}][di:^{33}] 好心 ใจ[cai^{33}]（心）+เหี้ยมโหด[hi:am^{51}][hod^{21}]（残忍、狠）= ใจดำ[cai^{33}][dam^{33}] 狠心	脸型　地面 爱人　坏人 好心　狠心
主谓式	คุ้น[k'un^{453}]（认识）+ หน้า[na:^{51}]（脸，面）= คุ้นหน้า[k'un^{453}][na:^{51}] 脸熟 หน้า[na:^{51}]（脸，面）+ แดง[d ɛ :ŋ^{33}]（红色）= หน้าแดง[na:^{51}][d ɛ :ŋ^{33}] 脸红 ปาก[pak^{21}]（嘴巴）+ ความเร็วสูง[k'wa:m^{33}][rew^{33}][su:ŋ^{15}]（速度快）= พูดเร็ว[pu:d51][rew33] 口快 ใจ[cai^{33}]（心）+ ร้อนใจ[rɔ:n^{453}][cai^{33}]（着急）= ใจร้อน[cai^{33}][rɔ:n^{453}] 心急 ตา[ta:^{33}]（眼睛）+ ไม่ชัด[mai^{51}][c'ad^{453}]（不清楚）= ตาลาย[ta:^{33}][la:j^{33}] 眼花 หัว[hu:a^{15}]（头）+ เจ็บปวด[ceb^{21}][pu:ad^{21}]（痛）= ปวดหัว[pu:ad^{21}][hu:a^{15}] 头疼	脸熟　脸红 口快　心急 眼花　头疼
补充式	พูด[p'u:d^{51}]（说）+ จบ[cob^{21}]+ผลลัพธ์[p'on^{15}][lab^{453}]（完了，结束） = พูดจบ[p'u:d51][cob21] 说完 คน[k'on^{33}]（人）+ ลักษณะนาม[lak^{453}][sa^{21}][na^{21}][na:m^{33}]（量词）= คน[k'on^{33}] 人口 คิด[k'id^{453}]（想）+ ออกมา[ɔ:k^{21}][ma:^{33}]（出来）= คิดถึง[kid^{453}][t'wŋ^{15}],คิดออก[k'id^{453}][ɔ:k^{21}] กิน[kin^{33}]（吃）+ ไม่มีแล้ว[mai^{51}][mi:^{33}][l ɛ :w^{453}]（没有了）= กินเกลี้ยง[kin33][kli:aŋ51] 吃光 บน[bon^{33}],ขึ้น[k'wn^{51}]（上）+ แนวโน้ม[n ɛ :w^{33}][nom^{453}]（表趋向） = ขึ้นมา[k'wn^{51}][ma:^{33}] 上来	说完　人口 想到　吃光 上来
动宾式	ขาย[k'a:j^{15}]（卖）+ หน้า[na:^{51}]（脸，面）= ขายหน้า[k'a:j^{15}][na:^{51}] 丢脸 ล้าง[la:ŋ^{453}]（洗）+ หน้า[na:^{51}]（脸，面）= ล้างหน้า[la:ŋ453][na:51] 洗脸 กิน[kin^{33}]（吃）+ ข้าว[k'a:w^{51}]（饭）= กินข้าว[kin33][k'a:w51] 吃饭 บอก[bɔ:k^{21}]（告诉）+ คำพูดที่ไม่จริง[k'am^{33}][pu:d^{51}][mai^{51}][ciŋ^{33}]（不真实的话） = พูดโกหก[pu:d^{51}][ko^{33}][hok^{21}] 说谎 ร่วงลง[ru:aŋ^{51}][loŋ^{33}],ตกลง[tok^{21}][loŋ^{33}]（落下）+ ฝน[fon^{15}]（雨） = ฝนตก[fon^{15}][tok^{21}] 下雨 ปีน[pi:n^{33}]0（爬）+ เขา[pi:n^{33}]（山）= ปีนเขา[pi:n^{33}][k'ao^{15}] 爬山	丢脸　洗脸 吃饭　说谎 下雨　爬山

3.1.3.2 语义组合对比

关于词义的构成，束定芳在其《现代语义学》的论著中表明，词义的派生结构可以有三种：①放射型或辐射型：各派生义项像光芒一样从基本义即原始义向四周辐射，各派生义之间又相互独立。②连锁型：派生义（第二义）源于基本义，又进一步派生出第三义，而第一义与第三义不相干。③综合型：词义派生演变由上述两种方式交叉结合进行繁衍词义。

表3-4　以“面”为例的意义对比

汉语	泰语
1. 头上从额到下巴的部分（生理） ①面不改色 2. 面子，情面 ②别丢了面子。 3. 某些物体的前面 ③当面是人，背后是鬼。 4. 物体的表面，东西露在外面的一层 ④舀饭只舀上面的。 5. 图形的长和宽 ⑤这块木板的面积是多少？ 6.（量词）用于带有平面的东西 ⑥请打开书第十二面。 7.（名词）方面 ⑦正反两面的经验 8.（副词）当面，在面前或者面对面 ⑧工资多少需要面谈。 9.（动词）会面，见面 ⑨我不太了解这个人，我们只有一面之交。 10.（动词）面对着 ⑩背山面水 11.（量词）用于会见的次数 ⑪我和她见过几面。 12. 词的后缀，附在方位词的后面，相当于“边” ⑫书在桌子里面 13. 小麦的籽实磨成的粉；泛指其他谷物的籽实磨成的粉 ⑬这个馒头是荞麦面做的。 14. 粉状的东西 ⑭这个药面儿不能吃。 15. 特指面条 ⑮兰州的牛肉面非常有名。 16. 某些食物松软易嚼 ⑯我喜欢吃脆点的苹果，不喜欢面的。	1. 头上从额到下巴的部分（生理） ①圆脸 2. 面子，情面 ②爱要面子。 3. 某些物体的前面 ③他站在车的前面。 4. 物体的表面，东西露在外面的一层 ④地面 5. 图形的长和宽 ⑤这块木板的面积是多少？ 6.（量词）书报等的面，页 ⑥请打开书第十二面。 7. 盖饭上的材料 ⑦鸡肉盖饭 8. 个，人 ⑧不管哪一个。 9. 季节 ⑨挨个进来。 10. 春天 ⑩红毛丹上市的季节。 11. 下一个 ⑪下个学期 明年

“他的脸红彤彤的。”

——头上从额到下巴的部分（生理），是基本义

“不看僧面看佛面。”

——面子，情面，该义是基本义辐射出的新意义，即“辐射型”

“我们先得解决面前的问题。”

——某些物体的前面，这里是扩大了外延，指人们现在面对的东西，即“辐射型”

“一夜之后，地面上是一层白白的霜。”

——物体的表面，东西露在外面的一层。该义是由前一辐射义连锁产生的，即“连锁型”

“你们要买多少面积的房子呢？”

——图形的长和宽，该义是几种意义结合而产生的，和基本义已经相差较远了，但是如果离开了基本义又不可以，所以我们称这类意义为“综合型”

“你这份文件有几面？”

——书报等的面，页。这一意义也是综合前几个意义而融合出来的新意义，而且词性也发生了变化，成为量词

通过和泰语的对比，我们发现泰汉“面”在语素意义的重合比例很高，那么在语素组合成词和成词后词义的构成上会不会有这样的重合性呢？汉语和泰语之间在词汇构成上是不是具有一定的相似性？那么，本章将以同素词族为代表进行例证。

同素词族是指由一个共同语素结合其他语素构成一组词，再由无数个同素词组成一个同素词族。根据常用构词基本字统计表和《汉语水平词汇与汉字等级大纲》，我们选择“心”语素构成的词来作为示例：

表3-5 汉字构词基本字的统计分析①

编号	汉字	等级	构词等级	笔画	总词数	构词率	累计构词率	完全构词	累计完全构词	各音节词数					
										单音	双音	三音	四音	五音	六音
1	子	1	1	3	1581	640.300	640.300	4	4	4	763	644	130	29	11
2	人	1	1	2	808	308.350	948.650	3	7	2	374	164	227	33	8
3	头	1	1	5	708	294.183	1242.833	6	13	2	413	157	127	3	6
4	大	1	1	3	714	271.633	1514.466	8	21	2	306	197	188	44	7
5	心	1	1	4	635	252.050	1766.516	4	25	1	358	70	155	44	7
6	不	1	1	4	779	248.567	2015.583	1	26	1	156	207	368	22	25
7	水	1	1	4	572	232.533	2247.616	4	30	1	307	153	100	6	5
8	生	1	1	5	589	228.617	2476.233	12	42	4	268	140	141	36	9
9	学	1	1	8	743	224.133	2700.366	10	52	1	156	150	174	239	23
10	地	1	1	6	536	211.267	2911.633	12	64	3	272	107	122	23	9

心：①人和脊椎动物体内推动血液循环的器官。人的心形状像桃子，大小相当于本人的拳头，位于胸腔中间偏左，分左右心房和左右心室四部分，通过舒张和收缩来推动血液循环。也说心脏。②指大脑。古人认为心是思维的器官。③思想，感情。④思虑，图谋。⑤指心地。⑥事物的中央或内部。⑦星宿名，二十八宿之一。

《汉语水平词汇与汉字等级大纲》中含有语素“心”的词语共有57个，其中四字词2个，三字词2个，“心”语素义在整个词义中脱落的词语有2个，为了进一步方便对比，我们将剔除这6个词语，即只对51个“心”语素合成的二字词进行分析：

安心　操心　称心　成心　粗心　担心　恶心　放心　甘心

关心　狠心　灰心　精心　决心　开心　空心　留心　耐心

内心　热心　人心　伤心　细心　小心　心爱　心得　心理

① 张凯.汉语构词基本字的统计分析[J].语言教学与研究，1997（3）：20-28.

心里　心意　心愿　专心　心灵　心目　心情　心事　心思

心疼　心头　心血　真心　中心　心脏　心中　信心　虚心

野心　一心　疑心　用心　衷心　重心

以上词语按结构分类如下：

联合式：心思　心意　心脏

偏正式：成心　粗心　狠心　精心　开心　空心　内心　热心　人心

心得　心理　心里　心目　心情　心事　心头　心血　心愿

心中　信心　野心　一心　真心　中心　衷心　重心　心爱

细心　耐心

主谓式：心灵　心疼

动宾式：安心　操心　称心　担心　恶心　放心　甘心　关心　灰心

留心　小心　虚心　疑心　用心　专心　决心　伤心

泰语中相应的词语：

สบาย[sa^{21}][ba:j^{33}]–ใจ[cai^{33}]（安心）

กังวล[kaŋ^{33}][won^{33}]–ใจ[cai^{33}]（操心）

สบาย[sa^{21}][ba:j^{33}]–ใจ[cai33]（称心）

เจต[ced^{21}]–ตะ[ta^{21}]–นา[na:^{33}]/ตั้ง[taŋ^{51}]–ใจ[cai^{33}]（成心）

สะเพร่า[sa^{21}][p'rao^{51}]（粗心）

เป็นห่วง[pen^{33}][hu:aŋ^{21}]（担心）

ขยะแขยง[k'a^{21}][ja^{21}][ka^{21}][j ε :ŋ^{15}]（恶心）

วางใจ[wa:ŋ^{33}][cai^{33}]（放心）

ส[sa^{21}]–มัคร[mak^{21}]–ใจ[cai^{33}]（甘心）

ให้[hai^{51}]–ความ[k'wa:m^{33}]–สน[son^{15}]–ใจ[ca^{i33}]（关心）

ใจ[cai^{33}]–ดำ[dam^{33}]（狠心）

ท้อแท้[t'ɔ:^{453}][t' ɛ :^{453}]–ใจ[cai^{33}]（灰心）

ตั้ง[taŋ^{51}]–ใจ[cai^{33}]（精心）

ความ[k'wa:m^{33}]–ตั้ง[taŋ^{51}]–ใจ[cai^{33}]（决心）

ดี[di:^{33}]-ใจ[cai^{33}]（开心）

ไส้[sai^{51}]–กลวง[klu:aŋ^{33}]（空心）

ตั้ง[taŋ^{51}]–ใจ[cai^{33}]/ระ[ra^{453}]–วัง[waŋ^{33}]（留心）

อด[od^{21}]–ทน[t'on^{33}]（耐心）

ภายใน[p'a:j^{33}][nai^{33}]–จิตใจ[cid^{21}][cai^{33}]（内心）

กระ[kra^{21}]–ตือ[tw:^{33}]–รือ[rw:^{33}]–ร้น[ron^{453}]（热心）

จิตใจ[cid^{21}][cai^{33}]–คน[k'on^{33}]（人心）

เสีย[si:a^{15}]–ใจ[cai^{33}]（伤心）

คิด[k'id^{453}]–ละ[la^{453}]–เอียด[i:ad^{21}]–รอบ[rɔ:b^{51}]–คอบ[k'ɔ:b^{51}]（细心）

ระ[ra^{453}]–วัง[waŋ^{33}]（小心）

ขวัญ[k'wan^{15}]–ใจ[cai^{33}]（心爱）

ข้อ[k'ɔ:^{51}]–คิด[k'id^{453}]（心得）

จิต[cid^{21}]–ใจ[cai^{33}]（心理）

ในใจ[nai^{33}][cai^{33}]（心里）

น้ำ[na:m^{453}]–ใจ[cai^{33}]（心意）

ความ[k'wa:m^{33}]–มุ่ง[muŋ^{51}]–มั่น[man^{51}]（心愿）

ตั้ง[taŋ^{51}]–ใจ[cai^{33}]（专心）

จิต[cid^{21}]–ใจ[cai^{33}]（心灵）

จิต[cid^{21}]–ใจ[cai^{33}]（心目）

จิต[cid^{21}]–ใจ[cai^{33}]（心情）

ความ[k'wa:m^{33}]–ใน[nai^{33}]–ใจ[cai^{33}]（心事）

จิต[cid^{21}]–ใจ[cai^{33}]（心思）

รัก[rak^{453}]–มาก[ma:k^{51}]（心疼）

ใน[nai^{33}]–ใจ[cai^{33}]（心头）

สติ[sa^{21}][ti^{21}]–ปัญ[pan^{33}]–ญา[ja:^{33}]–และ[l ε ^{453}]–กำ[kam^{33}]–ลัง[laŋ^{33}]（心血）

จริง[ciŋ^{33}]–ใจ[cai^{33}]（真心）

ศูนย์[su:n^{15}]–กลาง[kla:ŋ^{33}]/ใจ[cai33]–กลาง[kla:ŋ33]（中心）

หัว[hu:a15]–ใจ[cai33]（心脏）

ใน[nai^{33}]–ใจ[cai^{33}]（心中）

มั่น[man^{51}]–ใจ[cai^{33}]（信心）

ความ[k'wa:m^{33}]–ทะ[t'a^{453}]–เยอ[jə:^{33}]–ทะ[t'a^{453}]–ยาน[ja:n^{33}]（野心）

ใจ[cai^{33}]–จด[cod^{21}]–ใจ[cai^{33}]–จ่อ[cɔ:^{21}]（一心）

ความ[k'wa:m^{33}]–สง[soŋ^{15}]–สัย[sai^{15}]（疑心）

ตั้ง[ta:ŋ^{51}]–ใจ[cai^{33}]（用心）

ความ[k'wa:m^{33}]–จริง[ciŋ^{33}]–ใจ[cai^{33}]/จริง[ciŋ^{33}]–ใจ[cai^{33}]（衷心）

หัว[hu:a^{15}]–ใจ[cai^{33}]（重心）

根据对上面词语的翻译，我们发现汉语“心”语素在泰语当中有对应的语素“ใจ”，

“ใจ”： ① คนและสัตว์ที่มีกระดูกสันหลังในร่างกายจะมีอวัยวะหมุนเวียนโลหิตรูปร่างหัวใจ ของคนรูปร่างเหมือนกับลูกท้อ จะใหญ่หรือเล็กขึ้นอยู่กับขนาดของกำปั้นของแต่ละคน ตำแหน่งของหัวใจอยู่ที่ด้านซ้ายของหน้าอก ข้างในแบ่งเป็นสี่ห้อง บนสองห้อง ล่างสองห้อง สิ่งที่ทำหน้าที่บีบและขยายตัวเพื่อช่วยในการหมุนเวียนโลหิตของร่างกายนั้นก็คือหัวใจ（人和脊椎动物体内推动血液循环的器官。人的心形状像桃子，大小相当于本人的拳头，位于胸腔中间偏左，分左右心房和左右心室四部分，通过舒张和收缩来推动血液循环。也说心脏。）② สมองใหญ่ คนโบราณถือว่าหัวใจคืออวัยวะของความคิด（指大脑）。古人认为心是思维的器官。③ ความคิด ความรู้สึก（思想，感情）。④ คิด วางแผน（思虑，图谋）。⑤ จิตใจ（指心地）。⑥ ตรงกลางหรือข้าง

ในของสิ่งนั้น（事物的中央或内部）。⑦ กลุ่มดาว หนึ่งในยี่สิบแปดกลุ่ม（星宿名，二十八宿之一）。

由这个语素构成的泰语词在结构和语义上都和汉语有很大的相似之处：第一，在 51 个相应词语中，直接包含“ใจ”（心）语素的词语有 34 个，其中一词多义的有 สบาย–ใจ（安心 / 称心）、ตั้ง–ใจ（精心 / 用心 / 留心 / 专心）。而且当一个词加上名词标记“ความ”时，该词的词性会发生变化，如：ความ–จริง–ใจ（衷心 .n），จริง–ใจ（衷心 .adj）。

第二，在词语构成结构上，构词法基本相同，几乎都是偏正对偏正，动宾对动宾，但是关于偏正结构的词语，汉语和泰语的中心语和修饰语的位置不太相同，前后顺序颠倒，

如：ใจ–ดำ（狠心）：ใจ（心）+ ดำ（黑）

ใจ–กลาง（中心）：ใจ（心）+ กลาง（中部）

ใน–ใจ（心中）：ใน（中间，里面）+ ใจ（心）

第三，在词义构成方面，除了能够直接由各语素猜出词义，即语素义直接部分构成词义外，还有一些词语没有直接由语素“ใจ”的语素义构成，但是，通过对语素的分析，它们中的部分语素是使用了和“ใจ”有关的语素，即词义与语素义的关联度比较小，如 สติ–ปัญ–ญา–และ–กำ–ลัง（心血）：精力 + 时间。

总的来看，汉语和泰语词汇系统通过语素分析的语言基础是比较接近的，同大于异，构词结构大致相同，偏正式构成的复合词比较多，特别是定中式复合词。但是需要注意的是，泰语词汇中偏正结构式词语修饰语和中心语的位置关系和汉语相反：

汉语	泰语
修饰语 + 中心语	中心语 + 修饰语

综上所述，汉语和泰语词汇都是由语素构成，复合词在词汇系统中所占比例较大，复合式是词汇构成的主要形式，主要包括联合、偏正、补充、动宾和

主谓结构。汉语和泰语在复合词的语义组合上也具有很大的相似性。了解了泰语和汉语在构词和语义组合上的这些规律，将有助于汉语教学工作者进行对泰汉语词汇教学。

3.2 对泰汉语词汇教学和学习现状调查

3.2.1 主要词汇教学法流派的介绍

“词本位”教学流派、“字本位”教学流派和语素教学流派被称对外汉语词汇教学研究中的三大流派。

3.2.1.1 “词本位”教学流派

支持“词本位”教学的研究者认为，在现代汉语里，词是最小的独立运用单位，词可以由一个语素构成，或者由多个语素组合。所以，汉语作为第二语言教学应该以词为基本单位。

词本位教学法是汉语二语教学中的传统教学方法，几乎与汉语二语教学同时产生。李彤（2005）总结出词本位教学法的基本步骤：词语选择以语法教学内容为主要依据，词语注释采取的是一对一或一对多的英汉互译和借助词典解释[①]。

3.2.1.2 “字本位”教学流派

支持“字本位”教学的研究者认为，词本位教学法是存在很多问题的，词本位的最初研究是建立在印欧语系上的，而汉语是属于汉藏语系的，两个不同的语系，词汇系统的构成也必然存在很大的差异。因此，有学者认为汉字是汉语中的最大特点，汉语结构是“字本位”，应该围绕汉字进行词汇教学。

① 李彤. 近十年对外汉语词汇教学研究中的三大流派 [J]. 语言文字应用，2005.

1997年，徐通锵在其著作《语言论——语义型语言的结构原理和研究方法》中明确提出了“字本位”理论，并进行了阐释，他认为汉语的最小书写单位是字，形音义三位一体，应该把字作为重点研究对象，提出汉语结构基础或常数是字，其基本精神是“1个字1个音节1个概念”。最早形成“字本位”教学法的教材是法国汉学家白乐桑（1989）的《汉语语言文字启蒙》。他在这本著作的简介中指出：“本教材在总体设计上力图体现汉语字与词关系这一特点，循汉语之本来面目进行教学，故本教材可称为‘字本位教学法’。”① 字本位教学法，具体操作步骤是，以点带面、以字带字族和词，联系“字族”“词组”，真正地结合字与词（刘晓梅2004）②。

3.2.1.3 语素教学流派

语素这一层级的语法单位的确立，促进汉语语法的研究深入词的构成中，使汉语语法研究更加贴近汉语语言事实，从而在把握汉语最小结构单位基本性质的基础上，解释汉语语法现象，描述汉语语法规律。研究运用于实践，语素教学法随之出现。支持语素教学法的研究者认为，在现代汉语里，词是最小的独立运用单位，词由一个语素或多个语素构成。所以，汉语作为第二语言教学应该以语素为基本单位。

最早提出“语素教学法”的是盛炎（1990）。语素教学法的具体操作是：在词汇教学中，除了讲练目标词语的词义和用法外，还要将词语中的语素加以离析，然后以一定的义项为单位与其他已学或未学的词素再行组合，从而巩固所学词语（包括目标词语和已学词语）和扩大新词的学习范围。

关于字本位教学法和语素教学法的讨论。我们认为就其指导原则来说是一致的，汉语系统中“语素”和“字”在某种程度上也可以说是一致的。当然，

① 张朋朋，白乐桑著．汉语语言文字启蒙[M]．北京：华语教学出版社．1997：2.

② 刘晓梅．“字”本位理论与对外汉语词汇教学[J]．广东外语外贸大学学报，2004（4）.

它们的不同点也是存在的。汉语中绝大多数语素的语音形式是音节。由于大多数汉字在语音形式上与音节相等，一个音节用一个汉字表示，因此在大多数情况下，一个汉字记录一个语素。所以，跟印欧语相比较而言，汉语的语素切分比较容易，即一个汉字就是一个语素。如由、游、尤、油写成拼音为同一个音节形式，但代表了不同的意思：

yóu 由	①经过，经由。②引进动作经过的路线、场所。③引进动作的起点、变化的来源。④引进动作的实施者。⑤引进凭借的、依据的对象。⑥由来，原因。⑦引进事物发生的原因或方式。⑧遵循。⑨顺从，听任。
yóu 游	①流动。②闲逛，从容行走。③玩。④交往。⑤在水里行动。⑥江河的一段。
yóu 尤	①特殊的，突出的。②过失，过错。③归罪于，责怪。④格外，更加。
yóu 油	①动植物体内的脂肪；也指某些含碳氢化合物的液体矿产品。②用棕油或油漆等涂饰。③被油弄脏。④圆滑。

它们分别是不同的语素。借助汉字辨认语素有一定的方便之处，但是我们也要认识到他们的复杂关系。

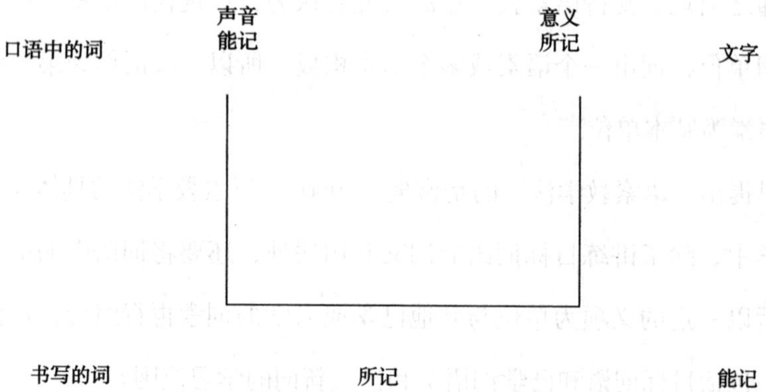

图3-2　书面语与口语的关系

以字典编撰为例，中国社会科学院语言研究所编的《现代汉语词典》是以单字条目为序，在单字条目下排列多字条目。从单字条目的排列看起来，似乎只是“字”典，其实是以语素作为基本单位，因为对诸如“忐”之类的单字条目，该词典并不加以释义，而是对包含“忐”的“忐忑”的整体意义进行解释。从单字条目所对应的语言成分来说，有的单字对应一个可以单独成词的语言成分（如“走、看、红、高、曾”），有的单字对应一个不能独立成词的语言成分（如“基、础、~子、~头”）。语素是语音、语义的结合体，是语言的符号，而汉字却是音形义的结合体，产生于语素之后，是语言符号的符号。汉语和泰语不属同一类语言——汉语属表意文字，泰语属表音文字，两个不同的系统对比，最好选取交叉点，那就是“语素”——音义结合体，所以我们采用语素教学法。

3.2.2 对泰汉语词汇教学和学习现状调查

根据本研究的需要，我们对泰国汉语学习者学习汉语难易度和对泰汉语词汇教学难易度及词汇教学法做了相关的调查问卷。具体情况如下：

1. 调查对象：（1）针对教学的调查。此调查采取整群随机的方式，抽取了在泰国本土任职的汉语教师 30 名。其中 12 人为赴泰进行汉语教学的中国教师，18 人为泰国本土汉语教师。他们的年龄在 20~40 岁，接受过一定的汉语教学培训，均参与一线教学实践，具有丰富的汉语教学经验。（2）针对学习的调查。此调查采取整群随机的方式，抽取了泰国汉语学习者 125 名。其中初级水平 50 人，中级水平 40 人，高级水平 35 人。他们的年龄在 15~30 岁，均有汉语学习的经历。

2. 调查工具：我们采用自制问卷《对泰汉语词汇教学法调查问卷》对汉语教师进行调查，并同时开展访谈；我们采用自制问卷《汉语学习中的难易点》对泰国汉语学习者进行调查，并开展访谈。所有问卷均翻译成泰语。

3. 调查结果：根据被收回的试卷，我们从 30 份教师问卷中挑出有效问卷 24 份，就他们在对泰汉语教学中难易点的认识和使用的教学方法做了一个统计；我们剔除无效问卷，随机抽取100份有效的学生问卷，就汉语学习难易点做了一个统计。

表3-6　对泰汉语学习中难易点的调查结果

学习难易点	统计（人数）	
	难点	易点
语音	41	59
语法	64	36
词汇	60	40

表3-7　对泰汉语教学中难易点的调查结果

学习难易点	统计（人数）	
	难点	易点
语音	7	17
语法	20	4
词汇	19	5

根据表3-6的数据显示，词汇学习的难度位于语法学习之后，排名第二，60%的人认为词汇比较难。根据进一步的调查和访谈结果，我们了解到，对于泰国学生来说，词汇量大，记不住是最大的问题。表3-7的数据显示：这24位在泰国任教的汉语教师认为，在泰国本土汉语教学中，整个语言教学系统属语法教学难度最大，继而是词汇教学，而语音教学相对比较容易。其中，被调查的泰国籍汉语教师不仅从他们的汉语教学实践出发，也从他们自身的汉语学习中总结出这个结论，相对而言是比较有可信度的。这24位教师在完成问卷后，对所做的选择给出了一些解释。例如：认为语音比较难的老师，其看法主要集中在“z/zh，c/ch，s/sh，r”的发音上；认为词汇难的老师，其难点是词性的区分问题，因为在汉语中很多词语具有多重身份，如“跑步”，这个词既是名词又是动词，并且汉语词汇量大，还有很多的近义词、同义词、成语和谚语等，记忆和运用比较难。

表3-8 对泰汉语词汇教学法调查结果

教学法	统计			
	出现次数		合计	所占百分比
	泰国	中国		
1. 语素教学法	2	3	5	20.83%
2. 词本位教学法	8	4	12	50%
3. 其他教学法	3	4	7	29.17%
合计	13	11	24	100%

调查结果显示，汉语教师选择最多的两个主要词汇教学法是语素教学法和词本位教学法，其中词本位教学法占多数。在开放式访谈中，我们对汉语教师使用不同教学法的想法进行了总结：选择语素教学法的教师认为（其实部分教师没有明确意识到他们采用的语素教学法，但是在词汇教学中他们使用了语素解析或者语素扩展这样的方法，我们也将其看作语素教学法），汉语词汇是由语素组成的，语素教学法让学生不但能知其然，而且能知其所以然；语素教学法有利于学生记忆、巩固和扩展词汇量；语素教学法能够巩固语法，加深对词性的进一步理解。选择词本位教学法的教师认为，这种教学法一直以来都是主要的教学方法，从他们学习开始就在使用；相对于语素教学法，词本位教学法能节省上课讲解的时间；根据泰国学生的学习特点——泰国学生怠于记忆，整体记忆、死记硬背生词的方法比较适合学习者的学习习惯。还有教师表示，他们在词汇教学中并未过于思考词汇教学法这个问题，他们在学习英语或汉语时接受什么教学方法，他们在教学过程中就使用什么方法。

相对于国外对泰汉语教学来说，国内的教学模式及教学方法相对成熟。本章以云南师范大学为例[①]，调查国内针对泰国留学生的词汇教学状况。

云南师范大学是支持周边国家汉语教学的十所重点大学之一，是中国为东

---

① 该部分涉及的所有信息来自笔者 2007 年的调查。

南亚国家培训汉语师资的四个基地之一。目前，该校东南亚留学生人数占留学生总人数40%左右，泰国、越南、缅甸等东南亚国家留学生，人数呈快速增长趋势，面向东南亚进行汉语教学成为该校特色。仅泰国一国来说，该校与泰国的珠拉隆宫大学、素万素南塔皇家学院、清迈大学、南邦皇家学院、清迈皇家学院、王太后大学、瓦来拉大学、布拉帕大学、泰国教育行政学院、亚洲理工学院、法政大学、易三仓大学等建立了合作关系，承担相关的教学、培训工作。在该校，泰国留学生学习汉语时存在两种情形——混合型班级和单一型班级。混合型班级主要是根据学生的学习水平而分的班级，该类班级的学生由来自世界各地的学生组成的。承担该类型班级的汉语教师所采用的教学法是要适合每个国家学生的“胃口”，针对性较弱。单一型班级的划分标准除了学习水平等学习因素外，还要考虑到国籍的问题，一般国籍比较单一，学生都来自同一个国家。如该校与泰国清迈大学共同建设的孔子学院。孔子学院的学生一般在泰国学习半年至一年，然后来中国学习4年，攻读汉语言学士学位。承担该类型班级的汉语教师针对他们的学习情况进行针对性的教学。

根据笔者调查，国内汉语教师常用的词汇教学方法有：演示描述法、汉外对应词对比法、集中强化式教学、语素教学法、辐射法等。演示描述法，即利用图画、实物、表情、动作或直接用已学过的词语进行解释。如：以《国际汉语本科系列教材阅读教程一年级》（下）中第三十一课生词：“接电话”“哎”为例。关于“接电话”，教师可以通过学生知道的“打电话”（此之前学生已经学过这个生词）来引导学生理解“接电话”；“哎”一词无须过多地讲解，只需要教师举几个例句，用表情来向学生表达该词语的运用；至于图画法，最简单的是事物名称的教学，将词语与图片对应，生动简明。联系扩展法是指在生词教学过程中，尽量联系有关的词语，适当进行扩展，以便强化记忆举一反三。如：《国际汉语本科系列教材阅读教程一年级》（下）中第三十三课生词，该课需要学生掌握关于“租房”的相关词语“客厅”“卧室”“卫生”“厨房”“周围”“环境”“交通”等词语，教师在教学过程中可以引导学生联想，联想到关于房屋描述和交通描述的词语。提问讨论法，运用任务型教学理论引导学生在应用中学习词汇。如：以一个主题为主，充分给学生布置任务，让学生在讨论和提问中扩展自己的词汇，将学习范围由课本向外延伸。如：该校杜克在华学习项目的教学模式中有课堂教学、语言实践、中文桌子、语伴聊天和社会考察五个主要的教学环节。其中，语言实践是由学生根据教师的宏观指导，每周进行一次调查或访问或类似的形式作业，通过与他人的交流获取相关信息，并以实践报告的方式作书面总结。如去采访商店老板的服务情况，中国的快餐文化，中学生对当前教育制度的看法，人们对当前“闪婚”、离婚率越来越高的看法等。这些话题一般都与当周所学课文内容和教学目标有关。学生只可用中文进行调查、访问和撰写报告，这样学生将所学的词汇与其相关的未学词汇结合起来，共同学习。除此之外，还有汉外对应词对比法、词语联系搭配法、语流悟义法、总结归纳法等暂不赘述。

综上所述，相对泰国本土的汉语教学，国内汉语教师比较重视教学法的探索和运用，因此词汇教学法形式比较多元化，但无论是国内还是国外，整体来看仍是以词本位教学法为主。

3.3 语素教学法在对泰汉语词汇教学中的尝试和构想

3.3.1 语素教学法在对泰汉语词汇教学中的尝试

通过国内外对泰汉语词汇教学法状况的调查，基本了解到目前对泰汉语词汇教学法的情况——词汇教学难，相应的教学法少而不完善，词本位教学理念占有优势。然后，通过对汉语和泰语的词汇系统进行对比分析发现，相对于词本位词汇教学、字本位词汇教学，语素教学法似乎更适合泰国汉语学习者。为此，笔者做了初步的尝试。

3.3.1.1 泰国甘烹碧学校的汉语教学概况

笔者于 2007 年 5 月—2008 年 3 月在泰国甘烹碧学校从事汉语教学工作。这里的汉语教学具体情况为：该校比较重视汉语学习，已开设汉语课程 5 年之久。近两年来，除了两位本土汉语教师在该校教授汉语外，陆续有中国国家汉办派遣的志愿者来该校参与汉语教学工作。汉语课为该学校的必修课，每星期设有 6 节汉语课，每节课 50 分钟，不区分听、说、读、写技能课程，只设综合课。学校对使用的教材、教学内容没有明确的规定，每年根据课程组教师商议决定。据了解，他们使用过《跟我学汉语》《快乐汉语》《体验汉语》《汉语教程》等，不固定，缺乏一定的连续性。笔者主要承担的是二年级的汉语课。二年级的学生分为两个班，每个班 25—30 人，女生居多，整体汉语水平较低，上课期间需要助教和汉语教师使用泰语。

3.3.1.2 研究方法

（1）教学设计和成绩评估

第一步分组和测试：根据笔者承担课程情况，将所带两个二年级平行班视为两组，A 组实施语素教学法，B 组实施词本位教学法。两组的不同之处主要是教学方法的不同，课程内容和课程进度基本一致。两组教学法具体操作如下：

语素教学法（A 组）：除了讲练目标词语的词义和用法外，还要将词语中的语素加以离析，然后以一定的义项为单位与其他已学或未学的词素再行组合，从而巩固所学词语（包括目标词语和已学词语）和扩大新词的学习范围。

词本位教学法（B 组）：仅讲练目标词的词义和用法。

成绩为词汇理解的正确率，即词汇翻译测试分数。

（2）测试的学生

由于HSK考试并未在该校普及，学生们没有HSK证书，所以无法通过HSK成绩来评判被试水平。为了尽可能地保证被试水平的同质性，笔者根据第一学期的汉语学习情况和期末考试成绩确定被试。最终，笔者选择二年级甲班15人，二年级乙班15人为考察对象，共30人[①]。

（3）教学的内容和测试的内容

1）训练材料

笔者结合该校学科组商讨的二年级第二学期上课内容，挑出每课常用语素，进行语素解析和拓展。

2）测试材料

测试为词汇闭卷考试。测试的词汇通过以下步骤筛选：第一步，笔者先从《汉语水平词汇等级大纲》中选出甲级词汇和乙级；第二步，邀请另一位在该校任职的汉语教师和一名二年级汉语水平较好的学生一起删除学习者学习过的双音节词语；第三步，从剩下的词语中再选择和训练期间学过的核心语素相关但未学习过的词语30个，从而构成前后测词汇测试卷。测试之前，笔者请其他班级中水平为二年级的学生试做，所选词汇基本达到预测标准。

前后测试的内容一样，但顺序不同。计分原则是：意义翻译基本正确或相关即可得1分，意义翻译错误或毫无关系即得0分，共30分。

（4）教学实验步骤

表3-9 教学实验步骤

前测	教学	后测
生词翻译	两个月	生词翻译

① 两班人数共48人，其他18人虽不作为重点考察对象，但是也接受同样的教学方法，同样的测试。

具体教学环节如下：

A 组（语素教学法）

T：这个词怎么读？

SS：学费。

T：学费（示范标准读音），请大家再读一遍。

SS：学费。

T：学费是什么意思呢？

SS：ค่าเล่าเรียน

T：非常好。学是指学习，费是指钱，学习用的钱，

（板书：车费），这个是什么意思？

S1：车的钱。

S2：坐车的钱。

T：对，坐车的钱，你每天来学校要坐车，要给司机车费。

（板书：宿舍费），这个是什么意思？

S1：宿舍的钱。

S2：给宿舍的钱。

T：对，很好。这个呢？（板书：电话费）

SS：打电话的钱。

……

B 组（词本位教学法）

T：这个词怎么读？

SS：学费。

T：学费（示范标准读音），请大家再读一遍。

SS：学费。

T：学费是什么意思呢？

SS：ค่าเล่าเรียน

T：非常好。你们每年都要给学校交学费。

3.3.1.3 教学结果

词汇教学未开始之前，先进行前测，发现被试的词汇翻译正确率不高，两组水平基本平衡，保证了测试学生水平基本平衡。

表 3-10 前测和后测成绩差

编号	A 组成绩差值	B 组成绩差值
1	11	4
2	8	3
3	5	4
4	5	4
5	5	4
6	7	6
7	5	5
8	6	2
9	7	7
10	5	8
11	6	6
12	7	8
13	6	4
14	5	6
15	6	4

从表 3-8 可以看出，词汇教学之后，词汇后测成绩整体上 A 组要好于 B 组，这说明 A 组的学习效果要好于 B 组的学习效果。但是有些词语，A 组学生的表现与 B 组学生的表现差异不大，例如读书、病房、开会、听讲、工钱，可能是这些词语偏于常见，虽然在课堂上没有学过，但是课外学生接触过。另外，不排除 B 组有些学习者主观能动性较强，具有一定的词义推理能力，拥有

一定的语素意识。

3.3.2 关于语素教学法在对泰汉语教学中的构想

教材是教学的指挥棒。根据调查，在泰国，汉语教学中所使用的教材大多是北京语言大学编写的。从教育内容看，这是一套比较系统和全面的丛书。但在具体的教学过程中，由于学生汉语基础不同，有的内容显得太浅显，有的内容又显得很深奥，学生难以接受；没有汉泰对译，而是使用英语作为两种语言学习的“桥梁”，这增加了学习的困难。换句话说，就是基于汉泰国际汉语“本土教材”较少，侧重泰语和汉语的异同对比的教材更少，如果使用针对性的教材，那泰国学习者的学习也会事半功倍。从教学理念的角度来看，根据语素教学法设计的教材尚未出炉，提出该种教学法教材编写完整思路的研究者较少。在这方面做得比较完善的是吕文华先生，他提出的《建立语素教学的构想》是该种教材设计的代表，但仅仅是设想，未能实施于实践当中。

本研究在对比几种现行的对泰汉语教学的教材及对语素教学法的认识后，对教材词汇部分的编写提出一点看法：

1. 初级阶段的词汇教学，在整个教材的设置上和其他的教材差异不是很大，都是以词汇输入为主。但是在教学中，教师要在讲解的时候向学生输入汉泰词汇结构及语义上的相同点，即：引导他们的语素意识，特别是在练习上要多下功夫。

（1）在教材词汇表的编写上突出语素

如:《初级汉语课本》第七课的生词表中有“照相机、收音机、录音机、电视机”这几个词语。我们可以单独画出语素“机”，给学生一个“机”的大概含义，然后合成“照相机、收音机、录音机、电视机”，继而再引申“飞机、火机、手机、打印机”等，让学生在输入词汇的同时，逐渐具有词汇合成结构规律及语素意识。

又如“车”：

车：（泰语解释）

火车　摩托车　马车

开车　停　车　修车

（2）在练习的编写上突出语素

如：

· 请你画出这个句子里的语素，并用泰语解释。

①你的手机真新。

②他是我的好朋友。

· 请你想一想，这个语素还能和什么语素组词。

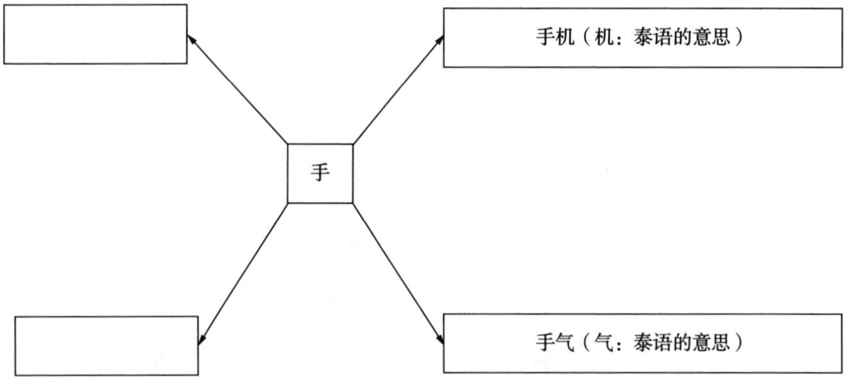

· 请你用泰语写出每个语素的意思

手套（手＋套）：

黑心（黑＋心）：

脸红（脸＋红）：

2. 汉语学习中级阶段，学习者对一些基本的汉语语素已经有所掌握，并已经有一种语素意识，那么就要开始在语素训练的基础上输入构词法的概念及运用。

（1）词汇部分的编写

生词“告别”：

告别　　（动）gàobié　leave，say good-bye to

告　　（素）gào　ask for，tell

别　　（素）bié　leave

~别：离别、惜别、分别、握别、送别、临别

离别　　（动）líbié　离 leave，part from

离别　　（词义）= 结构义（联合式）+ 语素义（leave，part）

握别　　（动）wòbié　握 hold，grasp

握别（词义）= 结构义（状中式）+ 语素义（shake hands at parting）

中级阶段还要注意教学语素的选择，特别是每一课选取一个典型而常用的构成语素，并详细说明用法的差异性和相似性。如：

者：ผ[pu:51]

ผู้เรียน[pu:51] [rian33] 学者

ผู้ใช้[pu:51] [c›ai453] 使者

词语	结构	意义	语素分解
作者	偏正	写作的人	作（v）+ 者
老者	偏正	年纪大的人	老（adj）+ 者

另外，汉语语法一个最大的特点就是渗透到构词法中，换句话说，词的构成方式与短语的构成方式是基本一致的。我们可以合成词语，也可分解词语，把它扩展成短语。如“象牙”为“象的牙”，“密植”扩展为“密密地种植”，“火红”为“火一样的红”，“提高”为“提得高”。常用的扩展方法有添加、替换等。这样的扩充，比较易于学生对新词的理解和识记；更重要的是可以帮助学生们在大脑中建构词汇的网络，学生们会由一个点有意识地延伸下去，有限的词汇通过这

样的点结成一个庞大的词汇系统。同时，也能渐渐过渡到句法的学习中去。

（2）练习部分的编写

请你先将下列词语翻译成泰语，然后再按照下面的语法格式写出你所知道的其他词语。（注明：中心语素的选择限于本课时内容）

联合式：心口　心脏

偏正式：好心　热心

动宾式：痛心　恶心

主谓式：心急　心疼

补充式：心里

~子：孩子（名词性语素 + 子）

胖子（形容性语素 + 子）

骗子（动词 + 子）

本子（量词 + 子）

以上设计均紧扣“语素”，从构词结构和词义上来针对泰国学生进行词汇教学，设计比较简单，不够全面，还需要进一步完善。同时，在对泰汉语教学中，无论是教学还是教材都要讲究趣味性原则，游戏贯穿学习，这是泰国学生学习习惯的一大特点。

总之，在国际汉语初级教学阶段，“语素法”的目的是使学生建立“语素”的概念，而要少讲或不讲语言知识。尽量设计大量的替换、扩展练习，通过练习使学生了解和体会汉语词汇的生成规律，最终达到语素教学的目的。在中高级阶段，可以根据学生的水平适当进行知识性讲解，也应多给学生感性的材料和例子。

3.4 语素教学法在对泰汉语词汇教学中的优势和局限

3.4.1 语素教学法在对泰汉语词汇教学中的优势

3.4.1.1 汉泰词汇系统的相似性有利于泰国汉语学习者对语素认识

在汉语词汇系统中，一般情况下词语中的每一个语素都具备自己的语音和与词语整体意义相关的语素意义。词的整体意义是由一个个以独立音节为形式标志的语素意义共同联络而成的，特别是绝大多数土生土长的双音节词，其组成部分几乎都有独立的表意功能，每一个单音节语素的意义表达情况都能分析，这就是汉语构造的基本特征。根据对泰语的分析，我们发现，泰语和汉语的词法在很大程度上是相近的。基于这个规律，教师更便于进行汉语词汇教学，有利于学习者掌握词汇知识。并且，这种方法可以使泰国汉语学习者逐渐感悟到汉民族特有的思维心理特征，这种有意识地感悟对学习者掌握汉语大有裨益。

3.4.1.2 认知思维相似性有利于泰国汉语学习者对语素的理解

通过上述词汇的对比，我们发现“面”由“头上从额到下巴的部分（生理）”的基本义引申为“物体的表面，东西露在外面的一层”，再到“图形的长和宽”，“书报等的面，页（量词）”，意义在不断地向外衍生，离基本义愈来愈远，发生的领域也由生物引入到了非生物。这种意义转变从认知语言学上来说就是隐喻，而隐喻的形成则在一定层面上反映出了掌握该语言民族的认知思维。

亚里士多德等学者认为，用一个表示某物的词借喻它物，这个词便成了隐喻词。到目前为止最伟大的事情就是成为隐喻大师，隐喻是无法从他人那里学来的，是天才的标志，所以有的人用隐喻来交谈，整个自然界就是人类的一个隐喻。我们如果不依赖物质性隐喻，就几乎不能谈及最简单的非空间性情景，隐喻可使人们将理解成另一件事情，不必考虑两者之间在客观上是否相同。隐喻是语义变化中一种重要建构力——人类用熟悉的概念去理解另一个领域的概念，把对一个领域的认识映射到另一个领域上，或者将熟悉的事物的特征映射到陌生的事物上，甚至是构成一个新的领域，隐喻在不同概念域之间运作。

如汉泰语“面”的隐喻义共同点：（1）由生物领域映射非生物领域，语素意义不变。如“地面”“桌面”“钟面”，形成了一个看似和人无关的领域了，但又靠人的某种特征来表述其特征。这种意义的变化，对于学生来说，比较好接受，容易理解。（2）由具体域映射到抽象域。映射到情感域，如“愁眉苦脸”“满面春光”“凶神面煞”，映射到性格领域，泰语有“唯利是图”“紧要关头”。（3）由自然领域隐喻到社会领域。如：“情面”“面子”。（4）由身体部位空间映射到客观世界空间领域，空间范围扩大。如“车前”“全面”“侧面”。（5）由人体的某个部分映射到某事体的相应部位，然后由于泰汉民族使用量词的思维又映射到表量的领域。

“心”字词族的语料反映了汉泰民族认知思维的另一个相似性——转喻。

转喻是指当甲事物同乙事物不相类似，但有密切关系时，可以利用这种关系，以乙事物的名称来取代甲事物，这样的一种修辞手段。转喻的重点不是在“相似”；而是在“联想”。转喻又称换喻，借喻或借代。沈家煊（1999）指出，认知框架是人根据经验建立的概念与概念之间的相对固定的关联模式，对人们来说，各种框架是自然的经验类型。常见的认知框架有：容器—内容，如壶与壶中的水；整体—组成部分，如人与脸；当事—行为 / 经历，如他失败了；施事—（工具）—动作—受事 / 结果，如小王用脚踢开门；施事—动作—与事 / 目标—受事，如李响送妈妈一张新年卡。

①壶开了。（用壶表示壶里的水）

② He is fond of the bottle.（他喜欢喝酒。）[用 bottle（装酒的瓶子）表示 wine（酒）]

③ Grey hairs should be respected. 老人应受到尊重。[用 grey hairs（白发），表示 old people（老人）]

④愁肠已断无由醉，酒未到，先成泪。（“肠”用来指人，以部分“肠”这个器官来代替全部“人”即作者）

“心”乃人和脊椎动物体内推动血液循环的器官，位于胸腔中间偏左，通过舒张和收缩来推动血液循环，也说心脏。但是在这里它却代表了实施者——人。古人认为，心是人的中心，最重要的地方，心可以代表整个人，没有心，人就是不存在的。心字词族中，很多词语本来语义上指的应该是整个人，但是它只用“心”来代表，这在汉泰语中都是相同的。

3.4.1.3 心理映射的相似性有利于泰国汉语学习者汉语语素意识的建立

在第二语言学习者的头脑中存在一个包括 L1 与 L2 的心理词典，在 L1、L2 内部中存在语音与形式之间的联系，同时通过语义的中介将 L1 的语音、形式和 L2 的语音、形式联系起来。我们将 L1 与 L2 内部和 L1 与 L2 之间实现彼此联结的方式和对应关系称作映射。如“garden”最通常的意义是“花园”，“park”与“公园”通常建立映射关系，所以自然就会出现“花公园”的语言现象。在英文中“garden”“park”就是一个整体，一个词，它不可再划分，也不可与其他语言单位组合成一个相关的词，即英语中没有与“花”“公”“园”对应的语言单位。当欧美学习者认识到“园”在组合中可以独立使用的特征，对应于“公园”意义的英文“park”就会引导学习者使用“公园”来替代，并加上限制性成分“花”（flower），出现“× 花公园”的语言现象。而对于泰国汉语学习者，他们所出现的偏误较英语国家的学习者少，因为，他们的语言中有对应汉语“园”语素，如果出现“林园”“动物园”，他们就会在“园”后面加上相应的修饰语“林园”สวนป่า、“动物园”สวนสัตว์，这样扩展的词语正确率就比较高。

3.4.1.4 类化有利于泰国汉语学习者语素意识的快速转化

类化，是指第二语言学习者在习得汉语时不断地接受、理解、分析构词成分，并对习得的构词成分进行重新分类与整合，以期构建目的语心理表征的认知过程。通过类化的方式，学习者目的语的心理表征从无到有、从不稳定到相对稳定逐步建立起来。它的主要作用是，在尽可能减轻学习负担的情况下，迅速而全面地掌握目的语知识，并最大限度地实现表达一定意义的目的。

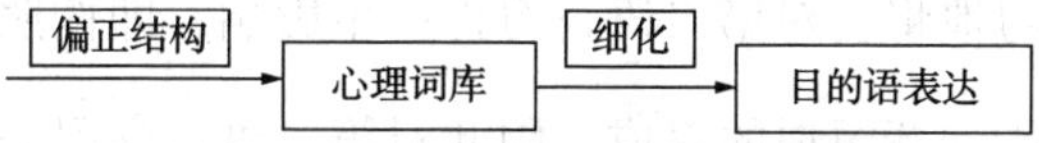

图 3-3 类化过程图

在对泰汉语教学中，语素教学法的应用就是教师抓住类化的这个心理意识，用教学的手段引导学生的类化意识，并培养学习者在学习过程中通过类化把目的语词汇知识融合到中介语中，进而向目的语的标准形式靠拢。

这就是说，在学习时学习者通过类化在一定程度上简化（Simplification）了学习任务，而在表达时又通过细化（Elaboration）实现了指称目的。如构词成分缀化、近义构词成分类化。在汉语中介语名词中处于后面或前面位置的一些构词成分，在意义上呈现不同程度的虚化，成为某类事物的一种标志，在功能上其相当于现代汉语所说的词缀，也就是学习者将不属于词缀的构词成分当作词缀来使用。再如：词法类化。通过本章对汉泰语词汇系统的对比之后，我们发现：汉泰语词汇在构词法和语义合成模式上都具有很大的相似性，学生可以在老师的指引下避开母语的负迁移影响，将汉语的词汇规律与泰语的规律类化吸收，形成有效的汉语词汇学习思维模式。

3.4.1.5 母语在第二语言习得中的正迁移作用

本章提倡在对泰汉语词汇教学中研究和利用语素教学法，就是考虑到第一语言（L1）词汇对第二语言词汇习得的影响。行为主义心理学认为，刺激与反应具有紧密的联系，如果某种刺激经常出现，人们伴随着反应而采取的行为就加强了这种联系。当特定的刺激与特定的反应有规律地联系在一起时，就形成了一种习惯。习惯是自发的，是在一定的环境中形成的，一般是难以改变的。例如：对中国学生来说，他们长期生活在母语环境中，在学习母语———汉语的同时，也学会了用母语思维。那么，当中国学生接触到外语时，其母语思维习惯将会对第二语言习得产生影响，即按照行为主义学习理论，原有的习惯会影响新习惯的养成，因此对第二语言学习来说，植入大脑中的母语规则可能会干扰第二语言习得的顺利进行。当然，母语的某特性也可以移植到第二语言的学习中去，但不对第二语言产生负面影响，而是积极的影响。这便是第一语言（L1）词汇对第二语言词汇习得的影响的主要研究成果——迁移理论。

所谓的迁移，是心理学的概念，它是指在学习过程中已获得的知识、技能和方法、态度等对学习新知识、技能的影响。在语言习得过程中，就第一语言对第二语言的影响简单来说，如果某一语言规则在两种语言中是一致的，迁移对新知识的学习和新技能的掌握就会有积极的影响，这种迁移称为正迁移（positive transfer）。如果两种语言之间存在着很大的差别，这时把一种语言的规则搬到另一种语言中会产生错误，从而对外语学习产生负面影响，这种迁移称为负迁移（negative transfer）。将心理学中所谓的迁移理论引入语言学，典型的研究成果是20世纪50年代中期行为主义鼎盛时期拉多提出的对比分析假说和30年代巴甫洛夫的两种信号系统学说。

巴甫洛夫的两种信号系统学说对外语教学产生的影响是巨大的。这个学说认为：学习外语实际上是建立一套新的信号系统。根据两种信号系统的原理，外语学习要通过两种语言的对比，依靠并利用第一信号系统对目的语的第二语言信号系统的影响。一般而言，目的语的第二信号系统是同母语第一信号系统相联系的。拉多的对比分析假说则认为：第二语言习得的主要障碍来自第一语言（母语）的干扰，需要通过对比两种语言结构的异同来预测第二语言习得的难点和易产生的错误，以便在教学中采用某些手段突出这些难点和重点，克服母语带来的障碍。也就是说，汉语作为第二语言习得可以从语言迁移发生的不同层面对汉语习得过程中的语言迁移现象的研究，可以预防和尽可能减小母语的负迁移影响，同时充分利用两种语言相似性产生的正迁移影响，从而达到正确运用汉语的目的。

以此为鉴，我们可以通过汉泰对比，预测到泰国汉语学习者学习汉语时的难点和容易的地方，以便在教学中好好利用。

在泰国学生学习汉语的过程中，词汇迁移十分常见，而且几乎是随着学习的开始就发生的。随着词汇量的增加，发生的词汇迁移也会越来越多。按照迁移理论我们得知：泰语和汉语在词汇构词和语义构成方面对等或相似，可以促进词汇学习，即对目的语产生正向迁移——相似的语言规律有利于泰国汉语学习者汉语心理词典的建构。词汇作为交际过程的血肉，也是句篇中相对稳定的成分，所以对把汉语作为第二语言学习的泰国学生，积累一定量的词汇对于进一步发展第二语言的语言能力是非常关键的。从某种意义上讲，他们学习汉语成功的因素完全取决于其“真正学会”的词汇量，从而是否能够构建起足够的心理词汇。按照英国心理语言学家加曼的解释，心理词汇是被内化了的词汇知识，这种知识让同时作为听者和语者的语言活动参与者在交际中时时参照，在第二语言习得中，学习者的心理词典是怎样的呢?

国外学者企图通过对双语者的研究来回答这一问题，尤其是对双语者具有 Compound 或 Co-ordinate 词汇系统的探讨（Ervin 与 Osgood，1954 见 Meara，

1980)，即双语者心理词典中储存的 L1 与 L2 词语是有互相分离的词汇表征还是一个统一的表征系统。

在心理词典中，词汇的储存形式是词汇习得研究的重要问题（Gass, 1987）。在 Taft（1975、1976）的语素通达模型中，词语是以语素的形式进行储存的。他主张词汇分解的储存形式，并预测在词与非词中都有语素结构的信息。后来，Taft（1991、1994）对自己的观点进行了一定程度的补充与修正，并肯定了交互激活模型在解释词汇加工机制上的优点。国内语言研究者张必隐（1992）也指出中文词是存在语素分解的，后来他又通过相关的研究证明语素是心理词典中词汇的储存单位，在中文中确实存在着语素结构，并且在词汇的认知过程中具有重要作用。

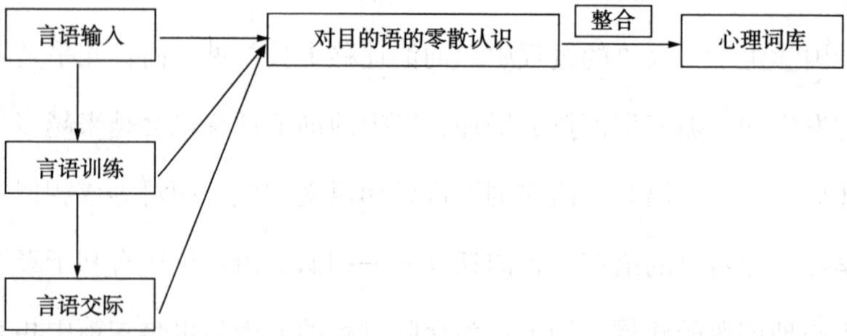

图 3-4　汉语作为第二语言的心理词库形成模式图

受到言语输入、言语训练、言语交际的影响，学习者自身也逐步接触到目的语的言语成分，并对它们形成自己的认识，学习者的心理词典自然存在了，具体地说语素概念也就存在了。

泰国词汇的最小语言单位也是语素，再加上汉泰词汇系统具有很明显的相似性，因此，对于泰国学习者来说，汉语学习所需要的这个“心理词典”或类似于这个“心理词典”的模式在他们的认识里早已存在，这正是他们学习汉语的一个优势。

3.4.2 语素教学法在对泰汉语词汇教学中的局限性

事物往往具有两面性，有其利就有其弊。语素教学法在对泰汉语教学中，有一定的局限性，主要表现在以下几个方面。

3.4.2.1 语素的划分和语素多义

汉语中，语素、音节以及记录语素、音节的汉字往往有一致或不一致的时候，所以，一个汉字或一个音节是语素还是语素的构成部分，需要做出鉴别。而关于语素确认的方法，我们一般使用“替换法”，即用已知语素替代有待确定是否为语素的语言单位。《现代汉语（增订二版）》（黄伯荣、廖序东）中对替换法做出了较为详细示例：“蜡烛”中的“蜡”和“烛”可以被别的已知语素替代，如：

蜡烛　蜡烛　蜡烛

　　　蜡笔　火烛

　　　蜡人　灯烛

　　　蜡油　花烛

可见，“蜡”和“烛”各为一个语素。又如：“蝴蝶”。

蝴蝶　蝴蝶　蝴蝶

　　　彩蝶　蝴?

　　　舞蝶　蝴?

　　　粉蝶　蝴?

“蝴～”替换其他的语素不能成立，因此，“蝴蝶”是一个语素。

同时，该书中也明确指出，在进行替换的同时要注意“保持意义的基本一致”，如：“马虎”中的“马”和“虎”在意义上区别于“骏马”“马匹”“老虎”的意义。

“替换法”在操作上有其合理的一面，它可以确定现代汉语中 80% 以上的语素，但是就理论上来说还是存在缺陷的。董为光先生认为：“替换法”需要完善，要附加一个条件，即“至少参与构造词语一个……而一般认为，语素是最小的音义结合体，有音有义，至小而不可分”。曹炜先生在其著作《现代汉语词汇研究》中对“替换法”也有所论述，并提出了一些调整和补充：首先，应将原“替换法”中的定位替换调整为不定位替换，……即“AB”，不必非实现“A~”“B~”的替换才算替换成功，实现“~A”“~B”的替换。其次，曹炜先生还提出应该再补充“是否具有区别义的作用”，这样可以解释那些如“苹果、菠菜、芭蕾舞、沙丁鱼”等这样的词语为何是双语素组合。

但是，这样究竟是否可行还有争议，因为语素确认的问题有时候既是语言共识平面的问题，又是历时范畴的问题，很难找到明确的线索。

多项语素义。以“花”为例，

花：被子植物的繁殖器官，由花冠、花萼、花托、雌雄蕊群组成，有多种形状和颜色，有的有香味。泛指某些具有观赏价值的植物，像花朵的东西，指棉花，烟火，礼花，指某些滴注、颗粒、碎末状的东西，花纹，图案，用花和花纹装饰的，色彩和种类驳杂的，看东西模糊，好看或好听，但是不实在的，用来迷惑人的，比喻美女，旧指妓女或跟妓女有关的，指打仗、打斗受的外伤，比喻精华，〈口〉天花，痘苗，花费。

我们发现：“花”的这 17 个义项当中，“花费”这一项和“花”的基本意义毫无明显的联系，如果在不讲解该义项的情况下，直接给出“今天的花费是多少？”这样的句子，学生是很难猜测出来的。

3.4.2.2 泰语对汉语学习的负迁移

20 世纪 50 年代末 Lado（1957）提出了对比分析法（Conastive Analysis）。他的主要目的是帮助外语教学，解决第一语言迁移（First Lgelrlsfer）的问题。

1977年中国著名语言学家吕叔湘先生提出："一种事物的特点，要跟别的事物比较才显现出来。比如人类的特点——直立行走，制造工具，使用语言等，都是跟别的动物比较才显现出来的。语言也是这样，要认识汉语的特点，就要跟非汉语比较；要认识现代汉语的特点，就要跟古代汉语比较；要认识普通话的特点，就要跟方言比较。"这种观点提出之后，国内汉英、汉法、汉德、汉日、汉泰等语言对比研究都普遍地发展起来。其中何福祥（1991）和张美珍（1991）对汉泰语定语作了比较详细的对比，并得出这样的结论，即：汉泰语定语的排列顺序基本相反。因此，教师在教学过程中大体上可以按照以下的四个步骤进行教学，即描写、选择、对比、预测。描写就是对目的语和学习者的第一语言进行详细、具体的描写，作为对比的基础。选择就是在两种语言中选择进行对比的某些有意义的语言项目或结构。对比就是对两种语言中选择的语言项目或结构进行对比，找出两种语言的相同点和不同点。预测就是在对比的基础上对第二语言学习者学习中可能出现的困难和发生的错误进行预测。例如：

	泰语	汉语
偏正型复合词：	中心语 + 修饰语	修饰语 + 中心语

我们选择典型的词语"红花、大人、蓝色、书包"来与泰语进行对比，让学生发现这两种语言的不同及相应的规律，教师与学生一同预测语言学习易错的地方——修饰语的位置。

这种正迁移理论为日常的教学提供了便利，教师启发学生对语言教材中的语言点及其相互间的关系进行分析、推理、概括和总结，从而培养学生对语言规则的创新能力。但是，我们也要注意母语对第二语言习得的负迁移。负迁移一般包括下列几方面：（1）生成不足（underproduction）。外语学习者若对目的语某一语言结构没有把握，他可能很少或干脆不用这个结构，这时学习者语言中错误相对较少，但如果该结构在学习者所讲话语中出现频率远远低于本族人使用该结构的频率，那么低频率本身就是语言趋异的表现。例如：英语的中国学习者在作文中过多使用简单句，以避开英语关系从句。（2）生成过度（overproduction）。生成过度有时就是生产不足的结果。道歉在美国英语中使用频率远大于在汉语中的使用频率，因而美国学习者在学习汉语时倾向于遵循他们的母语规则，过多使用道歉。（3）生成错误（production error）。生成错误主要包括替代、借用和结构改变等。替代和借用是人们讨论迁移错误时经常举到的例子，它反映了迁移包括母语和目的语之间的对应关系，也正好反映了克拉申的迁移即求助于母语规则的观点。（4）错误理解（misinterpretation）。本族语的语言结构和目的语不同，这就导致学习者对于目的语信息的错误理解，学习者可能会推断出和以目的语为母语的人完全不同的结论，即错误理解。本族语和目的语的词序模式不同以及文化不同也可能产成理解错误。

抛开学习者学习第二语言的实际运用情况，只通过对两种语言（学习者的母语和目的语）的静态对比来预测第二语言学习中的难易，就不可避免地造成预测的不准确，因此有些真正的难点，对比分析并没有预测到。许多研究已经证明第一语言与第二语言不同之处并不总是给学习者造成很大困难，而两种语言的近似之处则有时却是学习者掌握的难点，即“泛化”现象便常会出现。“泛化”现象主要有两种：母语给第二语言造成的语外干扰和已学过的第二语言知识对新知识造成的语内干扰。

例如：在造词方面

汉语	泰语
害羞	脸羞
新歌	新首歌
军人	兵人

他们根据自己所学到的语法结构和语素词库进行造词，虽然语法结构基本没有问题，但是“脸羞”“新首歌”“兵人”这种词语在汉语中是不存在的，他们直接使用了语素翻译法，造成了汉泰相似性的泛化。这也是需要教师正确引导的，否则会使学习者无法和他人沟通，再则也打击学习者自发扩展词语的积极性。

3.5 结 语

本研究以语素这个语法单位为主线，在汉语和泰语对比分析理论、第二语言习得理论、认知语言学理论和心理词库理论的指导下，对比了汉语和泰语词汇系统的构词规律，调查了对泰汉语词汇教学的现状，并实施一次小规模的教学实验。具体结论如下：（1）汉语和泰语词汇系统在构成结构和语义组合上具有很大的相似性。以语素为基点，以汉泰语双音复合词为研究对象，通过对比，系统地阐释了汉泰构词方式及构词理据等问题，找到了相似性。（2）语素教学法在对泰汉语词汇教学中的优势和局限性。从第二语言习得的角度阐述了泰国汉语学习者在学习汉语词汇时能够利用语素的心理基础及语素教学法在对泰汉语教学中的优势和劣势。（3）实施一次小规模的教学实验，用实践证实了理论上的假设，即在对泰国学习者的汉语词汇教学中，语素教学法相对于词本位教学法，具有一定的优势，因此，在对泰汉语词汇教学和汉语教材编写中，应该重视语素意识的培养，设计一些突出语素的讲解和练习。

由于所学知识有限，特别是泰语方面，笔者还处于泰语学习的初级阶段，对泰语体系了解不足，所涉及的相关知识仅仅只是将泰语和汉语复合词来做一个大致的比较，粗略地提出一些看法，有一些设想以及一些研究中出现的新问题未能全面、细致地探索。教学实验也仅仅开展了两个月，参与的学生非常少，以后可以延长学习时间和增加学生人数，更加细致地将语素教学法与汉语词汇教学融合在一起，做出更具体的教学设计。该研究只是基于笔者浅薄的学习和有限的教学经验之上，今后需要做进一步研究，以求将对泰汉语词汇教学法——语素教学法的优势发掘出来，并能为国际汉语教材编写提供更多有益的建议，也需要各位专家的指导与帮助。

解决词汇教学的新思路

解决词汇教学的手段很多，但我们认为，最终的解决手段要依靠现代电子信息技术及大型网络语料库的建立。在此，我们提出针对国际汉语教师备课、学生习得的国际汉语词汇库，形成一个便于教与学的网络平台。

4.1 建构主义下国际汉语词汇库网络教学平台的建设

为迎合全球汉语热的大潮，实现汉语教学的科学性，规范化，追求更高层次的教学质量就构成了当前非常现实而紧迫的任务。在这个思想指导下，我们基于建构主义理论，建立汉语词汇库网络教学平台作一探讨，与同人商榷。

国际汉语推广过程中，在教师、教材、教学构成的“三教”问题中其核心是教学问题。就“三教”问题来看，仍是我国国际汉语教学的瓶颈。第一，国内突出的问题是：“教师”和教学质量二者是紧密相连的。师资的缺乏，在国内表现为高校教学单位，因师资不足而不得不临时雇佣国际汉语专业研究生进行授课。第二，国内突出的问题是：专业的孔子学院教师数量少，非科班出身比例较大，但短期内是无法培训出大量且专业的教师队伍的，所以我们外派教师的招募，仍然要吸收很多非科班出身的教师（如国内英语专业的教师、语文教师等）。对于这些没有经验的外派教师，如果有一个专业的语料库，能够从中生成一本好的教材和一个好的授课方案，对于增强教学效果，提高教学质量，在当下显得尤为重要。几年下来，受这一初衷的驱使，经过了对国内外流行的中文教材的精细化研究，我们已经整理、编写了近两千个词汇和短语，形成了词汇库网络教学的雏形，进而将整理好的词汇建成一个“国际汉语教学词汇库”①网络平台（下文简称：词汇库），未来希望以词汇库为主体，围绕其加入教学相

① 四川高校对外汉语词汇库网络平台建设的可行性研究，由四川省社科基金支持，项目编号 SSC19B072，第一作者为项目负责人。

关网络模块，建立一个综合资源类国际汉语教学网站，尽量弥补国内外临时招募的志愿者或非本专业教师教学经验的短板。

为了检测词汇库的功效，我们对韩国又松大学的学生做了测试。目的是检测学生凭借词汇库筛选的词汇，课下独立预习完成次日教师需要讲授的课堂词汇及语法，即检测预习效果是否能够完全取代第二天教师的课堂讲授环节。根据最终对学生的效果测评，数据显示学生可以通过词汇库所提供的资料，独立完成教师布置的预习任务。对于这些已经准备充分的学生，教师在课堂对于目标生词、语法的再次重复描述显得低效和多余，学生们认为可以节省出更多的时间和同学协作“开口练习”及“参与完成更多的任务（Task）”。基于实验结果的启发，我们开始了以学生为主体，引导学生构建知识的翻转课堂的尝试。基本实现了吕必松（1990）在阐述教与学二者关系时的论述：“我个人赞成‘以教师为主导、以学生为中心’的观点。”

4.2 词汇教学网站研究综述

随着国内外信息技术的飞跃发展，网络化、交互化、信息化、数字化都迅速影响到包括国际汉语教学在内的教育领域（徐娟和史艳岚，2013）。近年来，国际汉语教学网站引起了众多学者关注，但是就网站分类而言，不同的学者给出了不同的意见（表 4–1）。

表 4–1 网站类型分类表统计表

研究者	分类				
徐 娟（1999）	综合类站点	辅导类	速成类	文化类	工具类
陈小盟（2006）	远程教育类	语言技能类	文化技能类		

续表

研究者	分类				
刘　丽（2008）	综合信息类	网上教学类	辅助工具类	汉语水平考试	汉语言研究
肖俊敏　黄如花（2010）	综合性	门户类网站	汉语专项技能	互动类网站	工具类
杜迎洁（2012）	综合资源类	课程类	文化资源类	学习工具类	
万　芳（2013）	教学课程类	语言技能类	中国文化类		
尹晓菲（2015）	综合专题类	门户类	资源和课程类		

综合上述分类，我们大致把国际汉语网站分为以下几类：综合资源类、教学课程类、语言研究和测试类、文化类、工具类。然而，“网上学术资源质量良莠不齐，杂乱无序，需要加以细心筛选、归纳”。因此，众多学者就国际汉语网络资源的不足之处展开了研究。周平红（2007）对汉语学习可视化教学平台的使用情况进行了需求分析，实验结果显示，留学生不满意的主要原因是：①没有提供相应的辅导（22.4%）。②学习内容太难（21.5%）。③学习内容陈旧（17.8%）。④可视化教学平台制作技术不高（15.9%）。⑤没有好的交流平台（13.1%）。他们认为，学习资源缺乏交互性是影响留学生使用网上平台学习汉语的重要原因。在此基础上，通过大量网站的比较和分析，陈小盟（2006）更为全面地概括了国际汉语教学网站的不足之处：“内容单一，受众面定位窄，形式比较呆板，缺乏互动，缺少学习汉语的软件和工具，没有个性化网络服务，免费内容过少，面向学生的内容较少。”

结合以上的分析，不难看出，国际汉语网站的问题主要体现在以下四个方面：①缺少个性化服务；②线上学习和线下教学缺少融合；③网站资源单一且更新缓慢，形式呆板；④网站缺少互动。

因此，为解决这些问题，徐娟（2013）建议：首先，教育理念从“普适性”走向“国别化”“个性化”。确实，在国际汉语网站的建设中应该考虑到差异性，特别是各国的文化国情，学生语言水平以及学习策略的差异。在确保学生能自主选择学习内容的同时，配合个性化辅导以及测试，突出教学的个性化。其次，她建议教学模式要从单纯的 E-learning 走向 B-learning。以往的 E-learning 强调的是线上学习，但是 B-learning 充分寻求线上和线下结合的可能，充分开发和维持学生的学习动机。再次，教材要从“平面型”走向“立体化”。网站的内容展示应该生动多样，充分利用多媒体以及其他汉语学习工具。此外，确保教学内容的及时更新也尤为重要。最后，学习资源要从“展示型”走向“交互型”。教学网站的互动不仅是网站与学生的互动，更需要的是学生之间，师生之间的互动。充分建设学习社区的概念，促进教学内容、学生和教师三者之间的积极互动。

4.3 理论基础

4.3.1 建构主义的定义及应用

建构主义是一种关于知识和学习的理论，强调学习者的主动性，认为学习是学习者基于原有的知识经验生成意义、建构理解的过程。其教学模式为：支架式、抛锚式、随机进入。“建构主义认为，知识不是通过教师传授得到，而是学习者在一定的情境即社会文化背景下，借助其他人（包括教师和学习伙伴）的帮助，利用必要的学习资料，通过意义建构的方式而获得。该理论的教学模式为：以学生为中心，在整个教学过程中由教师起组织者、指导者、帮助者和促进者的作用，利用情境、协作、会话等学习环境要素充分发挥学生的主动性、积极性和首创精神，最终达到使学生有效地实现对当前所学知识的意义建构的目的。”

建构主义理论，在本章中的指导作用体现在两个方面。第一，词汇库内部。词汇遵循和体现建构主义理论的“支架式”（Scaffolding Instruction）模式进行编写和整理；教师通过词汇库为学生筛选课下的预习资料，“支架”的内容保证了学生在旧有知识的基础上，促成对新知识“意义建构”这一终极目标。第二，课堂教学环节。按照建构主义教学思想的师生定位进行教学设计，创造各种情境，通过学生间的协作、交流，利用必要的信息完成各种任务。

4.3.2 建构主义对词汇库的理论指导及样例说明

曹贤文和高荣国（2003）与李柏令（2003）先后讨论了建构主义作为新兴理论在国际汉语教学课堂中的应用及价值。但我们从教学实践发现，建构主义理论应用于国际汉语教学是有条件的，传统教学模式下教师的讲解常常挤压学生的写作时间，形成一种课堂上教师单方面知识灌输，课下学生以作业的形式复习、预习的模式。但随着多媒体、教学网络平台的兴起，减少了教师灌输知识的时间，节省出的时间扩充了学生课堂上主动建构知识的时间占比。尽管如此，我们仍希望锦上添花，进一步压缩或减免教师的授课时间，甚至退出课堂的主导地位。

词汇库中的生词，都由“近义”“对应”概念、图片、例句和“常用形式及搭配”四层结构组成，为学习者建构词汇知识提供了一个概念框架（conceptual framework）。

第一层“近义”“对应”概念，为学生理解目标生词提供了共通元素和相对元素。

第二层图片，为学生提供了一个情境，即视感画面从呈现摆脱了无背景的单纯造句习得模式，有利于带动学生的非智力因素，激发学习兴趣。

第三层例句和第四层“常用形式及搭配”共同成为学生学习新知识，跃升到一个新层级进入最近发展区（Zone of Proximal Development）而搭建的“脚手架”（Scaffolding）；也就是说第三层使学生知道这个词“怎么说”，而第四层向学生展示中国人常常用这词“说什么”。即习得第三层达到的教学效果是学生输出的句子合乎语法，但要考虑是否得体就需要第四层内容。跨文化交际的能力好比一栋建造中的高楼，“常用形式及搭配”就是高楼外的脚手架，其作用就是保证建筑上垒起的每一块砖都在合理的位置，让建筑在加高的同时不发生倾斜、变形。

例如《博雅汉语·冲刺篇（第二版）》Ⅱ，第一课《毕业赠言》，第 3 个生词“不由得”从词汇库中提取的内容如下：

不由得（副）：近义：忍不住、禁不住。对应：故意、特意、刻意。

（1）电脑突然坏了，他不由得狂躁起来。

（2）电影很有意思，他们不由得笑了起来。

（3）看到学生们考试的样子，不由得使老师想起了 20 年前的自己。

（4）学习汉语的时候，他不由得对中国文化产生了兴趣。

（5）这个人常常喝醉，同学们不由得对他产生了讨厌的感觉。

※ 常用形式及搭配：

（6）心里 / 某人（就）+ 不由得

（7）不由得 + 一惊 / 说道 / 喊道 / 肃然起敬 / 热泪盈眶

（8）……，（人）不由得（动词）了（趋向补语）。

（9）……，不由得使 / 让（人）……。

（10）……，（人）不由得对……产生了（感情 / 感觉 / 兴趣）。

※ 练习

听到母亲生病的消息，她的眼泪不由得______。

______，不由得使她手心出了很多汗。

看了这条新闻以后，我不由得对______产生了______。

如上示例，词汇库中每个生词的讲解，通常含五层结构。

第一层结构，生词后面介绍“近义”和“对应”。我们之所以不用“近义词”和“反义词”的概念，是因为很多词类没有近义词、反义词。如处理名词的时候，我们要介绍区别词，如“大陆”对应“台湾”，“内地”对应“港、澳”（且“港、澳、台”也不再属于词的范畴，所以我们只用“对应”而不用“对应词”的概念），另外教材生词表中的副词、连词、介词、词组 / 成语，都可用“近义”和“对应”概念介绍相关内容[①]，起到帮助学生加深理解，触及词汇边缘，区分辨别的作用。

第二层结构，照片[②]。我们购买自新闻图片出售网站“壹图网”，每张照片都有版权；每个生词所配的照片数量，视生词的难易程度 1~3 张不等。备课内容中，每张照片下面有一个相关例句，如（1）（2）。

第三层结构，例句。例句与第四层结构的“常用形式及搭配”是呼应的，相互对照的；除了照片搭配的例句，我们根据词汇难度罗列了数量不等的例句，如（3）（5）。这部分例句书写的方法和原则为：第一，使用国家语委现代汉语语料库或北京大学现代汉语语料库（CCL）检索、筛选。例如“不由得”在北京大学现代汉语语料库中搜索到语料 3644 条，随机选择前 300 句进行量化分析，得到（8）（9）（10）三种句子形式分别占出现频率最高，分别为 24.3%、14.1%、11.9%，我们的原则是选取超过 10% 的高频语料。如果低于 10%，我们认为没有必要要求学生作为一种与生词有必然关联的句子形式去习得。所以我们需要向学生介绍（8）（9）（10）是中国人在使用“不由得”时，首选的三个句子形式。这些句式框架生成句子就是（3）（4）（5），如（3）对应（8），（4）

① 例如：如果（连词）——近义：假如、要是、假设、倘若、假若；对应：一定、必然、绝对。从（介词）——近义：由、自；对应：到、至。不尽然（词组）——近义：不全是、不都是、不全然；对应：全然、完全是、都是。

② 部分词汇我们使用了动态图（GIF 格式）。如“结结巴巴”。

对应（9），（5）对应（10），使学生上下对照，一目了然。第二，例句中只保留目标词汇“不由得”，将句中其余的生词替换掉，使学生理解目标词汇时不被例外的生词干扰。第三，如果高频句子形式包含学生未曾习得的语法结构，我们选择剔除该句子形式的原则。

第四层结构，“常用形式及搭配”。（8）（9）不再赘述。（6）是描述“不由得”在语料库中前面出现频率最高的成分是“心里 / 某人（就）”。同理（7）是“不由得”在语料库中后面出现频率最高的成分。

第五层结构，练习。作为检测学生习得效果的评价标准。这层结构只针对较难的词汇设置，类似名词等相对简单的词汇不搭配练习环节。

对于不同词性的词，我们整理的内容也各有不同。根据语料库中的出现频率，主要在“常用形式及搭配”中体现为：

名词。我们加入相关的量词，部分词汇对活跃的构词语素进行描述[①]。如“西瓜”：

一个 / 牙 / 块西瓜；（量词）

吃 / 切 / 挑（选）+ 西瓜；（动词 + “西瓜”）

生 / 熟 / 大 + 西瓜；（形容词 + “西瓜”）

西瓜 + 皮 / 子 / 瓤 / 汁。（“西瓜” + 名词）

~瓜：西 / 东 / 南 / 黄 / 香 / 苦 + 瓜。（构词）

介词。在“常用形式及搭配”加入常用的介词框架。如“在”：

在……上（边）/ 左（边）/ 前（边）/ 北（边）/ 旁边 / 附近 / 一带

（人 / 物）在（地）。

（人 / 物）在（物）上。

形容词。形容词前面搭配的程度副词，我们没有按照出现频率的高低排列。

① 注：名词“西瓜”部分，下面括号中的内容为我们在本文中的标注，词汇库中词汇并未包含。如（量词）。

而是整理出高频的程度副词后，按照程度副词的由弱到强排列。这样安排，是为了在留学生长期的习得过程中，建构一个由弱到强的副词体系。如“疯狂”：

有点儿 / 很 / 近乎 + 疯狂;（高频程度副词由弱到强，其实“很”是最高频）

疯狂的 + 女人 /（事）/ 程度 / 想法；

疯狂地 + 进攻 / 工作 / 购买 / 破坏 / 追求；

……使（人）疯狂。

（人 / 组织）疯狂地（做……事）。

副词。如“陆续”：

陆续 + 动词 + 了：取得 / 离开 / 呈现 / 发现 / 进入 / 坐满 / 撤销 / 投入 / 采用;（动词常常是述补动词）

（人 / 组织）陆续（在……地）（做了……事）。

（地）陆续（出现了……事）。

成语。留学生常常感到成语学了不会用，所以我们将高频句式呈现出来，请学生掌握整个句式，而不是单纯的成语本身。如“莫名其妙”：

……莫名其妙地（动词）……。

……使（人）感到莫名其妙。

词汇库中，除了词汇，我们也针对教材中的课后语法做了相同的整理、配图等工作。限于篇幅限制，我们无法将词汇库中各类词汇一一列举展示。

4.3.3 研究问题及手段

本章研究两个关联性问题，都与词汇库密切相关。一个是词汇库网站中的词汇内容，在课下对学生预习所起到的效果如何，可否替代教师的课堂讲解，从而使教师退出课堂主导地位。另一个是，如果第一个研究问题得到解决，那么就会自然而然地形成课堂的翻转，我们就要进一步研究如何布置翻转课堂的教学环节。

那么，关于词汇库网站在不同教学领域的实际展开效果究竟如何，需要课堂实践检验、测评。本节内容采用质性观察研究方法，结合采访，课堂观察，课后反思日记以及学生反馈等方式收集数据。

4.4 词汇库可行性的案例分析和讨论

我们将词汇库的内容，在国外、国内外进行了教学测试，筛选得到的部分数据和资料如下。

4.4.1 国外高校使用词汇库案例分析

我们在韩国又松大学做了如下实验。我们教授 1、3 年级，2 年级由系主任具文奎教授讲授（该校本科中文专业不设置 4 年级，4 年级的学生作为留学生在四川大学、北京语言大学学习一年，中韩互认学分）。小班教学，每班 6~10 人不等。课时为每周一、三、五，每次行课 65 分钟。学校指定使用教材《INTEGRATED CHINESE 中文听说读写》系列教材[①]。

我们的班从始至终使用词汇库资料，采用翻转课堂形式授课。其间应具文奎教授的要求，为他的课做了一次相同的词汇库结合翻转课堂的教学设计。我们从词汇库中提取了《INTEGRATED CHINESE 中文听说读写》第九课《教育》的 39 个生词（词汇库中缺少的 17 个词，由我们临时完善并添加），邀请具文奎

① INTEGRATED CHINESE 中文听说读写，刘月华等编写；CHENG&TSUI COMPANY BOSTON 出版。

教授尝试使用。经过两周（9课时[①]）完成第九课教学计划。我们对全班8名学生测评的结果显示，第九课的生词字形、造句习得的准确率较第八课提升37.1%。

采访中，学生反馈认为，词汇库提供的生词解释详细，大大降低了预习的难度，图片生动，例句容易理解，完全可以课前自习准备。发给学生的资料中，第四部分“常用形式及搭配”，在造句方面知道了中国人针对该目标生词的常用句式，使用频率高的搭配词语，避免了套用英语语言背景的造句，即常常出现的学生造句符合中文语法，但不符合中国人语言习惯的，中国人不说的“正确的中文”。具文奎作为教师也作出了积极反馈。具文奎认为，第一，这种便利的备课方式，为外国的汉学家在备课方面节省了很多精力和时间。例如，虽然具文奎中文流利，但遇到一些名词前的量词等问题仍需要查找工具书。而词汇库提取的名词，都在“常用形式及搭配”部分列出了全部量词，这是“十分令自己惊讶和意想不到的”。第二，教师因此有更多的时间准备、设计更多的任务环节（具文奎擅长任务型教学法），不仅提高了学生课前预习的效率，更大大减少了课堂生词的讲解时间。

具文奎对语料库提出了自己的三个期望。第一，希望词汇库网络的建立，最终能实现又松大学中文系的翻转课堂教学。第二，尽快编写和完善该词汇库，让其早日被大家使用，这将改进和提高汉学家及汉语教学工作者们的备课质量，节省精力减小工作压力。第三，词汇库作为一个国际汉语推广的网站的主体，应该开发辅助模块，如教学视频、学习工具、中国文化介绍等，建成一个综合类的中文网站。

4.4.2 国外高中使用词汇库案例分析

孔子学院派驻又松大学高中部的张老师是来自国内高中的政治教师（又松

① 与具文奎原有的教学速度、进度相同。

大学设有大学部、高中部，招收不同学习阶段的学生）。2017年报名并通过汉办外派孔子学院教师资格考试，参加了北京语言大学主办的，为期40天的赴韩孔子学院教师培训，合格后派赴韩国又松孔子学院。我们对该教师进行了采访，关于教学中遇到的困难，该教师认为自身教学经验不足、教材难选、备课量大而杂，有些问题亟待解决。

首先对于"教学经验不足"的问题，张老师介绍，在北语为期40天的培训对自己的帮助非常大，培训期间有一个环节是每天下午进行小班试讲，学员们分成若干班级，每班每人轮流试讲15分钟，每次是试讲后由北京语言大学有经验的教师现场进行点评。作为一名高中的政治教师，北语40天的密集训练，使自己受益匪浅。但张老师仍然感到训练时间短，经验欠缺。其次，对于"教材难选"这一难题，据张老师介绍，她在韩国期间，可以找到的汉语教材资源相对国内来说极其稀少，仅有有三个来源：一部分是汉办教材资源，一部分是台湾的简体版中文教材，另一部分是在网上购买的。经过筛选，选取了孔子学院系列教材《跟我学汉语》和《快乐汉语》。

我们测试的流程是：利用词汇库，基于库内的资料，按照张老师的教学进度，请其试讲《快乐汉语》第三册第四课，8个生词；经过3天授课，完成所有教学任务。之后我们对学生的跟踪检测显示，发现比照第三课的教学效果，学生对第四课的生词字形、造句习得的准确率较第八课提升了32.6%。

经过访谈，林肯高中的同学，认为词汇库的目标生词，提供的例句较之前数量丰富。图片有趣，92%的学生可以根据图片正确写出目的生词并造句。课前发放的词汇资料，可以通过工具书和网络独立预习。但学生们提出，希望得到网络版或电子版的词汇资料，代替纸质版的发放，这样方便利用电脑、手机等工具。

张老师接受访问时表示，词汇库的建立，弥补了自己教学经验的不足。但张老师希望我们除了词汇库外，再增加几个网络模块，尤其期望增加教材之外的文化方面的视频、PPT、听歌学汉语等内容。以此减轻备课压力，提升教学质量。

4.4.3 国内高校使用词汇库案例分析

四川大学海外教育学院，实行小班制教学，每班15~20人。采取汉语综合教学法，课程设置为：综合课+技能课（听、说、读、写“小四门”）。每次行课90分钟。我们在中级二班使用词汇库讲授综合课，完全可以进行翻转课堂的教学法。学期开始时，我们将利用词汇库整理的《博雅汉语·冲刺篇（第二版）》Ⅱ，第一至九课词汇资料装订成册发放给学生，要求学生每次课前预习28个生词，并参照第四部分“常用形式及搭配”每个生词造一个句子，作业以电子邮件或微信拍照等方式课前发给教师。课堂进行听写、作业点评后，七成时间与学生做情景练习，要求学生完成任务等。

我们连续进行了三个学期的试验。经过对比，我们在不使用词汇库时，中级二班可以讲授6课或6.5课（中二的三个平行班学期末进度基本一致）。而使用词汇库后的两个学期可以讲授9课或9.5课。经过对三个平行班跟踪测试，学生习得的生词数量虽然大量增加，且经过测评，生词听写确率提高7.4%，口语交际正确输出率提高22.7%。

针对教师，我们通过收集教案、课堂录音及采访方式，以教材中完整的两篇课文为单位，调查统计的结果为（见表4-2）：

表4-2 四川大学海外教育学院数据对比表

年级	班级	口述例句：板书/PPT例句	讲练时间比	90分钟习得生词数量	教材
初级班	初级一	7：3 PPT	5：5	20~25	《汉语教程（第三版）》系列教材[①]
	初级二	8：2 PPT	6：4	20~25	
	初级三	5：5 PPT	6：4	15~20	

① 汉语教程（第三版）系列教材，杨寄洲编著。北京语言大学出版社。

续表

年级	班级	口述例句：板书 / PPT 例句	讲练时间比	90 分钟习得生词数量	教材
中级班	中级一	1：9 PPT	5：5	15~20	《博雅汉语·冲刺篇（第二版）》Ⅰ、Ⅱ①
	中级二	0：10 词库②	3：7	25~28	
高级班	高一	7：3 板书③	8：2	15~20	《博雅汉语·飞翔篇（第二版）》Ⅰ、Ⅱ、Ⅲ④
	高二	9：1 板书	7：3	15~20	
	高三	9：1 板书	7：3	15~20	
	高四	8：2 板书	9：1	15~20	《成功之路·成功篇 2》⑤

根据表 4-2 所示，“中级二”使用词汇库后，不仅在习得生词的数量上占优达到“25~28”，而且在学生课前预习、自学的基础上，课堂的“讲练时间比”达到 3：7。课堂内教师不再进行讲授灌输，而是可以直接进入任务、情景练习等以学生为主导的环节，形成翻转课堂。

但我们同时要看到，初级的三个年级，初级一、二不适用以词汇教学为主的翻转课堂，但词汇库仍得到教师和学生的推崇。初级三的教材中，课文篇幅和课后生词级别、数量，接近中级一水平，经过试讲，完全可以利用词汇库适用翻转课堂。

4.5 课上和课下具体环节设置的量化分析

翻转课堂分为课上和课下两个部分，教师都要精心设计、布置一定的环节。

4.5.1 课上环节的设置

翻转课堂，分为课上和课下两部分。针对课堂环节的生词、语法教学我们

① 博雅汉语·冲刺篇（第二版）Ⅰ、Ⅱ，李晓琪编著，北京大学出版社。
② 词库：指利用国际汉语词汇库进行的备课。
③ 板书：指在黑板上手写的例句及相关内容。
④ 博雅汉语·飞翔篇（第二版）Ⅰ、Ⅱ、Ⅲ，陈莉、舒年·金编著，北京大学出版社。
⑤ 成功之路·成功篇 2，李小丽编著，北京语言大学出版社。

安排如下：第一步，教师在课堂上对预习后提交的作业进行点评，根据作业质量点评、讲解的时间不固定。但点评时间不应过长，如果时间过长，且出现学生们的共性问题，就说明词汇库相关内容需要改进或完善。第二步，以听写或小测验形式测试预习效果。第三步，教师 PPT 提供情景和完成情景对话涉及的生词、语法（生词、语法均选自课前预习内容）。根据我们在实际教学中的经验，最合理的搭配是：①学生两人一组。②完成一次 3~5 个生词的情景会话任务。③相互讨论设计对话 5~7 分钟。④将对话以语言形式，发送到微信群，3~4 分钟。⑤教师随时在微信群里，以语音形式针对每个小组的偏误进行纠正。第四步，教师进行总结；通常在 90 分钟的课时内，根据各组学生的汉语水平不同可以完成 6~8 个任务，我们常用的，最受学生欢迎的是抛锚式（Anchored Instruction）任务形式，即创建情境如“记者采访”“在校园偶遇”、图片、短视频等。

所以，根据情境任务数量（6~8 个）和每个情境被教师指定使用的生词数量（3~5 个），兼顾任务中复现之前的部分词汇、语法，我们每次要求学生课下预习 25~28 个[①] 生词是刚好满足课堂使用的，同时也不会造成学生的课下负担。

另外对于课文的处理，我们习惯上只使用一至两次课时间。也常用翻转课堂的方法，展示问题后引导学生根据课文内容回答。

4.5.2 课下环节的设置

教师从词汇库中，依照课后生词顺序选择一定数量的生词，制备预习资料发给学生。使用方法：第一，通过字典对“近义”“反义”的内容进行粗略的理解，不要求掌握，但部分已经习得的内容出现后要求巩固记忆。第二，对每个

① 见表 2“中级二”对应的“90 分钟习得生词数量”。

目标生词的例句熟练朗读。第三，根据“常用形式及搭配”内容造句，针对学生个体水平不同而数量不等，并体会和母语词汇的用法差异。第四，造句。造句内容尽量使用“常用形式及搭配”内容中的前后搭配的高频词，使用目标生词的常用句式。不允许脱离“常用形式及搭配”。允许学生向教师提供作业的形式有三种：电子邮件、微信文字、微信图片（将作业本拍照）。

4.6 国际汉语词汇库现状

我们正在建立的网站，是一个以国际汉语词汇库为主体，相关中国文化、学习工具等模块为辅的综合类国际汉语备课兼教学网络平台。针对的访问者为国内外的国际汉语教师、汉语作为第二语言的学习者。

词汇库中的词汇按照拼音索引排序，可以在网站内部搜索栏搜索，得到后教师可添加至个人电子教案。词汇库中现已收录词汇 2109 个，仍在补充之中。

词汇的选取原则：我们将国内和国外现有的国际汉语流行教材，如《汉语教程（第三版）》系列教材（北京语言大学出版社），《成功之路》系列教材（北京语言大学出版社），《博雅汉语》系列教材（北京大学出版社），《INTEGRATED CHINESE 中文听说读写》系列教材（CHENG&TSUI COMPANY BOSTON 出版），按照课文的顺序，把每课的生词整理收录入库。行有余力，我们将根据使用者的数量编写录入更多的教材。

这样做遇到的问题是，各个系列教材的生词多有重复，尤其是系列教材的初级教材。我们在编写例句时，尽量不引入生词，并且使用前面课文中已经出现过的词汇、语法。这就造成各套教材虽然某一课生词表中出现了相同的生词，但我们可以用来造句的例句不同。针对这种情况，我们只能做好标记，标明该词源自的教材。所以在库内搜索时，有时同一个词，有两个或更多的并列内容，利用网站备课时，教师可根据需要添加进个人电子教案。同时，这样做的好处是根据使用者的需要形成个性化教案或学习资料。

4.7 结 语

建构主义为翻转课堂教学法提供了理论支撑，而翻转课堂又为该理论的实践提供了时间和空间。可以说建构主义理论与翻转课堂，存在着天然的内在联系。翻转课堂使学生的学习环节翻转，课堂上的教学内容成为家庭作业，而家庭作业则拿到课堂来练习和完成。这颠覆了传统模式中，课堂上教师在教学中的主体地位和作用，由曾经的教师灌输知识改变为学生自主习得、内化知识的过程。教师的功能转变为辅助学生建构知识的支持者、协助者。学生在已有的母语、中介语等旧知识基础上同化新知识，从而达到修正，甚至重新建构某些概念正确输出的学习目的。

纵观中韩两地的试验反馈，教师们对学生的学习态度形成了一个共识，即一个课前准备越是充分的学生，对课堂活动的期待、融入程度就越高，协作过程中个体的积极性、主动性发挥得越充分。在又松大学的试验中，教师甚至观察到，学生到达教室的时间比平时提前 8~10 分钟，个别学生课堂中开口前的微表情（micro-expression），也减少了抓头、嘴角紧绷、攥拳等紧张不安的迹象。可以说词汇库对激发学生积极性，提高学习兴趣，树立信心起到了支撑作用。

翻转课堂，为学生发挥主观能动性、主导性，提供了充足的课堂时间，是建构主义理论得以实践的必要条件；以词汇库为主体的国际汉语教学网络平台的搭建，是建构主义理论具体的实践手段，是应用这一理论的充分条件。二者共同成为这一新兴理论在国际汉语教学实践中的充要条件。围绕“词汇库”这一主体，我们将对未来平台的辅助模块尽快加以完善和开发，形成综合性网络雏形，同时希望申请到国家项目；在此我们也期望与从事国际汉语教学的同人广泛合作交流，以期早日免费开放。

参考文献

（一）专著

Chomsky N. Syntactic Structure[M].The Hague：Mouton，1957.

Fries C. C. Teaching and Learning English as a Foreign Language[M]. Ann Atbor：Wahr，1945.

R. Lado. Linguistics cross cultures[M]. Ann Arbor.University of Michigan Press，1957.

刘珣 . 国际汉语教学概论 [M]. 北京：北京语言大学出版社，1997.

刘珣 . 国际汉语教育学引论 [M]. 北京：北京语言大学出版社，2000.

卢福波 . 国际汉语常用词语对比例释 [M]. 北京：北京语言文化大学出版社，2000.

盛炎 . 语言教学与原理 [M]. 重庆：重庆出版社，2006.

许余龙 . 对比语言学概论 [M]. 上海：上海外语教育出版社，1992.

赵金铭 . 国际汉语教学概论 [M]. 北京：商务印书馆，2004.

周小兵 . 外国人学汉语语法偏误研究 [M]. 广州：中山大学出版社，2004.

朱德熙 . 第二届国际汉语教学讨论会论文选 [M]. 北京：北京语言学院出版社，1987.

国家国际汉语教学领导小组办公室 . 汉语水平词汇与汉字等级大纲（第一版）[M]. 北京：北京语言学苑出版社，1992.

（二）期刊论文

Corder S. P. The significance of learners errors[J]. IRAL，1967（9）：149-159.

Selinker L. Interlanguage[J]. IRAL，1972（10）：219-231.

Whorf B. L. Language and logic[J]. Technological Review，1941（43）：250-272.

West M. Speaking-vocabulary in a Foreign Language：One Thousand Words[J]. Modern Language Journal，1930（14）.

陈贤纯. 国际汉语中级阶段教学改革构想——词语的集中化教学 [J]. 世界汉学，1999（4）.

陈小荷. “汉语中介语语料库系统”介绍 [J]. 第五届国际汉语教学讨论会论文选，1996.

杜艳青. 韩国学生汉语词语偏误分析 [J]. 安阳师范学院学报，2006（1）.

甘瑞媛. 韩中同形异义汉字合成词的对比分析 [J]. 广东社会科学，2000（2）.

韩梅. 国际汉语综合课词汇教学初探 [J]. 文教资料，2006（18）.

胡明扬. 国际汉语教学中语汇教学的若干问题 [J]. 语言文字应用，1997（1）.

金明华. 韩国语汉字词和中文词汇的比较 [J]. 科教文汇（上旬刊），2010（3）.

李清华. 美国语言学家黎天睦教授在我院讲学 [J]. 语言教学与研究，1983（4）.

李如龙，吴茗. 略论国际汉语词汇教学的两个原则 [J]. 语言教学与研究，2005（2）.

李珠. 关于初级阶段综合课的词语教学 [J]. 世界汉语教学，1998（3）.

李珠. 关于学生阅读理解失误的调查报告 [J]. 语言教学与研究，1987（2）.

李红印. 关于泰国学生汉语学习的语音偏误 [J]. 世界汉语教学，1995（2）.

李大忠. 偏误成因的思维心理分析 [J]. 语言教学与研究，1999（2）.

刘传清，成葩. 韩汉语言对比与对韩汉语教学 [J]. 三峡大学学报（人文社科版），2008（2）.

吕必松. 关于教学内容和教学方法问题的思考 [J]. 语言教学与研究，1990（2）.

鲁健骥. 中介语理论与外国人学习汉语的语音偏误分析 [J]. 语言教学与研究，1984（3）.

鲁健骥. 外国人学习汉语的词语偏误分析 [J]. 汉语学习，1987（4）.

鲁健骥. 外国人学习汉语的语用失误 [J]. 汉语学习，1993（1）.

鲁健骥. 外国人学汉语的语法偏误分析 [J]. 汉语学习，1994（4）.

马杜鹃．词义的动态性与国际汉语词汇教学 [J]. 邢台学院学报，2006（3）.

梅立崇．对留学生汉语习得过程中的错误分析 [J]. 语言教学与研究，1984（4）.

潘先军．汉字基础在韩国留学生汉语学习中的负迁移 [J]. 辽宁行政教育学院学报，2004.（3）.

朴红瑛．对韩国学生汉语词汇教学的一点思考 [J]. 青年文学家，2011（15）.

钱春梅．从关联理论看话语误解 [J]. 广西梧州高等师范专科学校学报，2003（2）.

全香兰．汉韩同形词偏误分析 [J]. 汉语学习，2004（3）.

孙新爱．国际汉语词汇教学应把握的几个原则 [J]. 云南师范大学学报，2004（3）.

孙德坤．中介语理论与汉语习得研究 [J]. 语言文字应用，1993（4）.

沈晓楠．关于美国人学习汉语声调 [J]. 世界汉语教学，1989（3）.

施正宇．外国留学生形符书写偏误分析 [J]. 北京大学学报（哲学社会科学版），1999（4）.

王力．在第一届国际汉语教学讨论会上的讲话 [J]. 语言教学与研究，1985（4）.

王庆云．韩国语中的汉源词与对韩汉语教学 [J]. 语言教学与研究，2002（5）.

王建勤．中介语产生的诸多因素及相互关系 [J]. 语言教学与研究，1994（4）.

肖奚强．略论偏误分析的基本原则 [J]. 语言文字应用，2001（1）.

肖奚强．外国学生照应偏误分析 [J]. 汉语学习，2001（1）.

肖奚强．外国学生汉字偏误分析 [J]. 世界汉语教学，2002（2）.

徐建宏．汉语词汇和韩国语汉字词的对比研究 [J]. 辽宁大学学报（哲社版），1999（4）.

杨莉莉．汉语词汇偏误的中介语分析 [J]. 文学教育（上），2008（12）.

翟燕．汉语词语偏误分析的方法 [J]. 云南师范大学学报，2007（1）.

张有志 . 中韩汉字词比较考察——以同形异义语为中心 [J]. 才智，2010（3）.

宗艳艳 . 韩国语中的汉字词与汉语词汇的比较研究 [J]. 科技信息，2010（25）.

（三）学位论文

蒲徐波 . 中高级阶段留学生词汇习得偏误分析与教学策略 [D]. 成都：四川大学，2006.

杨柳 . 初级阶段韩国学生汉语词汇习得偏误分析——以韩国顺天乡大学学生为案例 [D]. 保定：河北大学，2010.